일본 헤이안시대 궁중 여인들의 삶

격조와 풍류 格調と風流

| 권혁인 지음

한국에 요즘처럼 문화라는 단어가 범람한 적은 없는 것 같다. 학교의 강의실에서도 문화에 대한 학생들의 요구를 절실히 체감하게 된다. 일본어를 익히기 이전에 일본이라는 나라 자체를 알고 싶어 하는 학생들에게는 그들의 문화, 즉 일본인들의 삶의 방식을 이해하는 것 자체가 곧 자신의 삶의 방식을 규정하고, 자신의 정체성을 찾고자 하는 하나의 몸부림인 듯하다. 사실, 모든 학문의 출발점은 자신을 알아가기 위해 생겼다고 해도 과언이 아니다. 한 동물학 교수가 라디오 대담에서, 왜 동물학을 연구하냐는 질문에 "인간을 알기위해서지요."라고 대답한 것에 공감할 수밖에 없다.

지금 우리가 살고 있는 사회를 소위 대중사회라고 표방한다. 그래서인지 대중문화는 그 어느 때보다도 관심의 표적이 되었다. 그러나 실제 강의를 해보면, 대중문화보다도 과거의 색다른 시대의 이야기에 호기심을 갖는 학생들이 꽤 많다는 것을 알게 된다. 강의 평가서나 시험지 뒷장에는 "일본의 재미있는 이야기를 더 많이 들려주세요."라는 메모가 항상 적혀 있다. 입시 공부에 시달려 역사나 문학을 통해 시공을 넘나드는 여행을 못 해본 학생들의 호기심을 접할 때면 안타까운 마음이 드는 동시에 사명감을 느끼곤 한다.

필자의 전공은 일본의 왕조시대 문학이다. 한국의 시대 구분으로 이야기하자면, 통일신라시대에서 고려시대쯤이 되는 시기이다. 학문으로서는 일본에서나 한국에서나 별로 인기가 없는 시대이다. 일본의 은사님이 우스갯소리로 "이 분야의 학자를 외국에서 일본으로 수입해야 할지도 몰라."라고 말하실 정도이다. 당대의 문학이 인기가 없는 것은, 현대어도 아닌 옛말로 된 문서를 연구 대상으로 삼아야 하기 때문일 것이다.

일본 유학 시절, 외국인으로서 일본 고전 문학을 연구하고 있다고 자기소개를 하면 십중팔구 "일본인도 하기 어려운 고전 문학을…"이라는 대답이 돌아왔다. 우리도 외국인이 "나랏말ㅆ미 듕귁에 달아"보다도 더 오래된 문서를 술술 읽고, 분석하고, 새로운 평가를 내놓는다면 같은 느낌이 들지 모른다. 그래도 고어古語라는 어려운 언어의 장벽을 넘어 체험하게 되는 시공을 넘나드는 경험의 세계는 가히 매력적이다. 만약 이 어려운 언어습득이라는 과정을 생략하고, 옛날 이야기하듯 그 시대의 이야기를 들을 수 있다면 현대의 대중문화와는 또 다른 재미를 느끼게 될 것이다. 바로 이러한 것의 안내 역할을 해야겠다고 생각한 것이 본서의 집필 동기이다. 연구 전문가의 디딤돌이 될 만한 연구 논문도 좋지만, 대중들에게 읽혀 그들에게 당대 문학의 재미를 알리는 것도 필요하다고 판단했다. 주변의 소중한 사람들이 필자가 무슨 연구를 하는지도 모르는 고독감에서 벗어나고자 하는 노력이기도 하고, 제한된 강의 시간에 미처 못 다한 이야기를 펼치고자 하는 의도이기도 하다.

왕조시대의 여성들의 삶이 어떠했는지에 대한 문화 속의 이야기를, 역사와 문학을 넘나들며 이야기하고자 한다. 딱딱한 느낌 없이 편하게 글을 읽어 내려가면서도 일본 고전 문화에 관한 전문적인 지식을 습득할 수 있도록 서술하기 위해 노력했다. 또한 눈에 보이지 않는 시대를 손에 바로 닿을 듯한 모습으로 재현하고자 가능한 한 사진을 많이 넣어서 편집했다.

한국과 중국의 영향으로 형성된 화려하고 기품 있는 일본의 왕조시대는, 소위 사무라이 문화라는 명칭으로 대변되는 일본의 모습과는 전혀 다른 면모를 가진다. 일본의 뿌리의 뿌리를 더듬어 올라가서 현대 일본 문화의 근간을 맛보고, 더 나아가서 왕조시대의 여인들의 삶에 투영되는 한 인간으로서의 애환을 통해 자기 자신을 바라보는 좋은 기회가 되었으면 한다.

'국화와 칼'의 저자 루스베네딕트 여사가, 현대의 일본에는 별 관심이 없다고 일본의 초청을 거절했던 사실이 가끔씩 뇌리를 스치곤 하는 것은, 필자 역시 약 천 년 전의 일본의 매력에 더 강하게 끌리고 있기 때문이 아닌가 싶다. 대중문화의 시대에서조차, 일본인들이 그토록 자랑스럽게 고수하는 전통문화가 어떤 배경과 삶 속에서 만들어졌는지 마음껏 탐닉하길 바란다.

끝으로 집필하는 동안 기도와 격려를 아끼지 않은 사랑하는 남편과, 힘이 되어준 두 딸 주영이와 신영이에게 고마움을 전한다.

2007년 12월
광운대 연구실에서

|목차|

1부

일본의 **왕조시대**와 문화 근간

일본의 왕조시대는 일명 헤이안平安시대라고 한다. 또는 두 글자를 붙여서 헤이안왕조시대라고 일컫기도 하는데 보통은 헤이안시대라 언급하는 경우가 많다. 헤이안시대라는 명칭은 794년 엔랴쿠延曆 13년 간무천황桓武天皇의 조서에 의해 새로운 수도를 헤이안쿄平安京라고 명명한 데에 근거한 것으로, 헤이안쿄를 그 시대의 대표로 인식하려는 역사관이 반영된 이름이다. 그리고 이 말은 8세기 말부터 12세기 말까지 약 400년간이라는 긴 시대를 지칭하게 된다. 왕조시대는 글자 그대로 왕이 나라를 다스렸던 시대이기에 왕을 중심으로 한 귀족들이 그 시대를 대표한다고 보면 된다. 자기 자신의 삶을 중심으로 생각하는 현시대 사람들의 감각으로는 잘 이해가 되지 않겠지만, 그 시대는 왕을 중심으로 하는 귀족들이 중심이고 그들의 삶이 그 시대를 대표했다고 봐야 한다. 그 시대 서

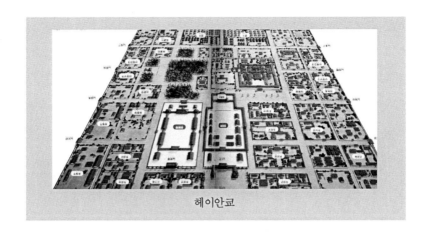

헤이안쿄

민들의 삶은 그다지 역사상 비중을 갖지 못했고, 그러하기에 그들의 삶을 정확히 파악할 수 있는 자료도 미비하다. 이렇듯 헤이안시대는 현대의 우리들과는 무척이나 다른 성향을 가진 시대라는 것을 미리 밝혀두는 바이다.

왕에 대한 문제를 좀 짚어 보겠다. 한국도 조선 왕조 500년의 역사가 있으니 왕이라는 존재에 대한 의식을 가지고 있을 것이다. 여기서 문제 삼으려는 것은 왕을 지칭하는 호칭에 관한 것이다. 일본에서는 왕을 천황天皇이라고 일컫는다. 글자 그대로의 뜻은 천황대제天皇大帝를 가리키는 것으로, 하늘 천과, 빛날 황은, 하늘의 빛남이라는 뜻이며 이는 북극성을 의미한다. 이렇게 북극성을 지칭하는 천황이라는 단어를 사용한 이유는 당시에는 북극성을 하늘의 중심이라고 생각했기 때문이다. 즉, 하늘의 별들이 북극성을 중심으로 돌고 있다고 생각했고, 이 우주의 질서가 인간의 정치 질서에 도입된 것이다. 천황을 상징하는 북극성을 중심으로 정치 세력인 귀족이라는 별들이 돌고 있다는 발상이다. 이는 주례周禮라고 하는 주周왕조의 관직제도에 관한 서적에서 설명하고 있는 내용이다. 이렇듯 천황이라는 칭호는 아주 중국적인 용어이지만, 천황이라는 왕의 명칭을 가장 잘 자신의 것으로 정착시킨 것은 중국이 아니라 일본이다.

　한국에서는 "기분 나쁘다. 왜 일본의 왕을 우리가 천황이라고 하냐?"라고 하여, 매스컴에서도 일왕日王이라는 호칭을 사용하기도 한다. 그런데 우리는 군주국가에서 나라를 다스리는 정치권력의 최고 우두머리를 왕이라 일컫는다. 이러한 뜻으로 일본의 천황을 왕이라고 부른다면, 그것 또한 올바른 명칭이라고 할 수 없다. 왜냐하면 현대의 일본은 물론이요 과거에도 일본의 천황은 통치자로서의 왕의 기능이 너무도 미약했기 때문이다. 세계의 다른 왕조들과 비교하면, 정치적 영향력이 너무도 약했다고 역사가들은 평한다. 그러나 한국인의 입장에서는 식민지 시대의 쇼와천황昭和天皇의　이미지가 있어서 강력한 정치 권력자로서의 모습도 쉽게 떠올릴 수 있다. 그렇지만 통사적으로 볼 때, 일본 천황은 태양신의 후예로서 종교성을 띠고, 국가 상징의 역할을 담당하는 존재로 판단하는

쇼와천황

편이 옳다. 다시 말하자면 천황의 역할은 종교와 국가 상징에 더 집중되었다고 할 수 있다. 아무튼 천황의 종교성과 상징성을 가볍게 여겨서도 안 되겠지만, 일단은 정치권력을 배제시킨 일본 특유의 고유 명사로 인정해서 천황이라는 명칭을 그대로 사용하도록 하겠다.

초반부에 왜 천황의 호칭 문제에 대해 집고 넘어가는가, 이는 천황이 실질적 정치권력을 지니지 않는 정치적 양상이 헤이안시대의 두드러진 특징이기 때문이다. 즉, 왕조시대라는 명칭에 현혹되어 우리의 왕조시대와 동일시해서는 안 된다는 것을 강조하려는 것이다. 일본에 정권이 수립되어, 나라의 면모를 갖추기 시작한 야마토大和와 나라奈良시대의 고대 국가가 중앙집권적인 정치권력을 갖기 위해 고군분투해왔던 시기라면, 중앙집권적 면모를 갖추기 시작한 것이 헤이안시대이다. 지금의 교토京都에 수도를 정하고 새 출발을 한 시대인 것이다. 율령과 군사를 정비하고 지방정치를 쇄신하여 중앙집권체제에 돌입하지만, 초기에만 천황이 실질적인 통치를 했을 뿐 중기 이후부터는 귀족 중에 정치에서의 최고 권력자가 등장하는 섭정摂政이 이루어지는가 하면, 말기에는 원정院政이라고 하여 상황上皇에 의해 두 명의 주권자가 존재하는 분열을 보이기도 한다. 엔기텐랴쿠延喜天暦의 치세라 하여, 헤이안시대를 대표하고 일본 태평성대의 상징을 지니게 된 이 시대는 천황이 몸소 율령정치를 실행한 군건한 왕권의 시대로 설명하는 역사서들이 많은데, 이는 후대에 그 시대를 동경하는 마음에서 과장된 평가를 한 것이라 보인다. 엔기텐랴쿠의 치세 때조차 정치계의 우두머리격인 간파쿠関白의 영향력은 간과할 수 없었다.

이러한 셋쇼칸파쿠摂政関白들의 정치적 입지는 어떻게 해서 생겨나게 된 것인지 살펴보자. 우리나라의 세도정치를 연상하면 되겠는데, 즉 정치적 실권을 가지고 싶은 귀족이 자신의 딸을 천황에게 시집보내어 거기서 다음 왕위를 물려받을 손자가 태어나는 것으로 정치적 입지를 굳히는 것이다. 즉 다음 대의 어린 천황의 외척 세력(후견인)인 외조부나 외삼촌들이 득세를 하게 되는 것이다. 이렇게 하여 이들은 현재의 수상과도 같은 정치권력을 휘두르게 된다. 이러한 정치적 상황을 먼저 기억해주길 바란다. 이러한 시대적 배경 아래서 왕족과 귀족들을 중심으로 하는 화려한 문화를 이야기해나갈 것이기 때문이다.

헤이안시대의 문화유산 중에서 문학에 초점을 맞춰보면 가장 일본적인 위대한 유산들은 대부분 여성들의 손에 의해서 쓰였다는

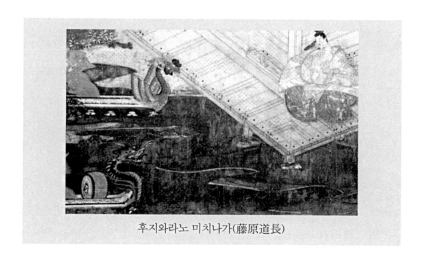

후지와라노 미치나가(藤原道長)

것을 알 수 있다. 당시 남성 귀족들에게는 한학漢學을 공부하고 한시漢詩를 읊는 것에 치중했어야 하는 사회적 요구가 있었다. 반면에 여성들은 우리나라의 언문諺文에 해당하는 가나仮名가 발명된 후 이를 능란하게 구사해서 자신들만의 것으로 소화해내 이를 활용하여 문학작품을 만들어내게 되었다. 그리고 이러한 여성들의 손에 의해 일본의 문학은 비약적으로 발전하게 되고, 이는 남성들까지 매료시키는 데 성공한다. 즉 귀족들이 창출해낸 가장 일본적인 문화 산물로 자리매김하게 되는 것이다. 이 시대의 문학이 일본의 모든 문화 분야의 뿌리가 되는 것으로 보아, 이 문화적 파급 효과가 굉장히 컸음을 알 수 있다. 이러한 이유에서 우리나라에 많이 알려져 있지 않은 헤이안시대를 이야기하려는 것이고 그 근간에 자리 잡은 여성들의 베일에 싸인 이야기를 하려는 것이다.

앞서 말했듯이 천황에게 시집가서 자기의 후견세력을 정치적인 일인자로 만드는 것도 여성이다. 그리고 이 여성이 황후皇后로서의 모든 자질을 갖출 수 있게 교육시키고 보좌하는 여성들이 있는데, 이들을 뇨보女房라고 한다. 이 단어는 현대로 와서 자기 부인을 낮추는 말이 되었는데, 당시와 비교해보면 그 의미가 많이 변질되었다는 것을 알 수 있다.

뇨보는 우리나라의 궁녀와는 개념이 다르다. 먼저 제일 다른 것 중에 하나가, 어떤 주인을 모시기 위해 궁궐에 입궐하지만, 이것이 바로 왕의 여자가 된다는 것을 의미하는 것은 아니라는 것이다. 우리나라의 궁녀는 전부 왕의 성은을 입을 가능성을 전제로 한 왕만의 여자였기에 궁에서는 궁녀를 통솔하는 환관이 필요했다. 그러

나 일본의 뇨보는 연애도 결혼도 자유였다. 이 뇨보들의 자세한 이
야기는 제2부에서 하기로 하고 지금은 이들이 또한 문화 창출의
주역이었다는 점에 머물도록 하겠다. 그리고 이들을 비롯하여 일
반 귀족 부인들도 많은 작품을 남겼다. 즉, 가나문학은 여성을 빼
고는 이야기할 수 없다는 것이다. 그들의 삶이 진솔하게 묻어나는
문학 작품들, 그리고 그들의 흔적이 남아 있는 역사 자료들을 통해
그녀들의 삶을 돌이켜보도록 하겠다.

　이러한 것들을 확실히 알고 나면 현대의 우리가 헤이안시대를
어떻게 바라봐야 하는지, 그녀들의 삶의 흔적들이 현재의 일본인
들에게 어떤 영향을 미치고 있는지, 윤곽을 잡을 수 있을 것이다.
그리고 더 나아가서는 우리의 역사를 바라보는 또 다른 하나의 틀
을 얻게 될 수도 있을 것이다. 또한 앞으로 일본의 문학이나 역사,
문화 전반을 깊이 연구하려는 후배들에게는 이 책을 헤이안시대의
참고서로 활용하기를 권한다.

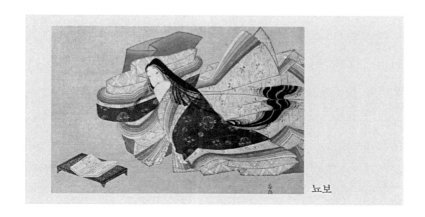

뇨보

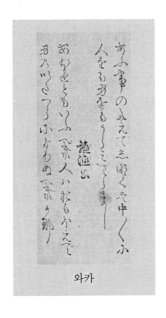

와카

1 와카和歌는 지금의 휴대폰?

일본의 화려한 궁중 속의 여인들을 떠올릴 때 가장 먼저 떠올릴 수 있는 것들 중 하나가 와카이다. 이렇게 와카가 그들의 삶을 보여준다고 할 수 있는 이유 중 하나로, 이 시대의 여인들이 문학작품 어디에서나 늘 와카를 읊었다는 것을 들 수 있다. 또한 당시의 문화 중심지인 구중궁궐뿐만 아니라 일반 귀족들의 집안에서조차 좀처럼 모습을 드러내는 일이 없는 여성들이, 와카를 매개체로 하는 우타아와세歌合[1]행사를 통해서 공개적인 활동을 했던 것도 강한 인상으로 남아 있다. 더 나아가서 연애와 결혼이라고 하는 인생의 빅 이벤트에서도 와카는 중요한 요소로 자리 잡고 있었다.

현대를 살아가는 사람들이 헤이안시대의 여인들의 삶을 알고자 할 때, 대부분이 이러한 와카를 살펴본다. 와카를 남겼거나 이를 매체로 활동한 여인들의 모습을 통해 당대 여인들의 삶을 유추해 보는 것이다. 뿐만 아니라, 당시의 무대예술이나 공예품 등 문화

---

[1] 양편으로 팀을 나눠 와카和歌를 겨루어 우열을 정하는 경기 내지는 행사를 지칭함. 궁궐의 공식 행사로 자리 잡았고, 각 귀족들 집에서도 이를 모방하여 개최되기도 함. 물론 유력한 귀족들만 행할 수 있었음. 행사 주최자의 문화적 소양과 재력을 과시할 수 있는 도구였음.

전반이 와카를 근간으로 했다. 병풍의 그림이나 스하마州浜[2]라고 불리는 공예품 같은 것들도 와카를 피로披露하기 위해서 만들어진 것이다. 실상 와카는 당시 삶을 영위하는 데 있어

스하마

서 너무도 커다란 비중을 차지했다. 현시대의 사람들이 모국어를 익히고 기술을 배워 살아가는 수단으로 삼는 것과 동등한 삶의 요소로 와카를 봐도 무방할 것이다. 한편 와카의 기능적인 면을 부각시킨다면, 얼굴을 보지 않고 서로의 의사를 전달하는 하나의 매체였다는 점에서 현대의 휴대폰과도 비교할 수 있다. 본 장에서는 이러한 와카에 얽힌 궁중 여성들의 삶을 소개하겠다.

와카란?

와카를 한마디로 정의하자면, 고전 문학과 문화의 중심에 있는 일본의 정형시라고 할 수 있다. 이러한 와카라는 말 자체는 한시에 상응하는 것으로 만들어졌다. 현대에는 흔히들 단카短歌라는 명칭으로 와카를 지칭하는데, 와카의 여러 형식 중에서도 5.7.5.7.7.의

---

2) 잔치 때 쓰이는 장식물로, 해안선을 그리듯 들쭉날쭉하게 만든 상床에 나무나 꽃, 바위, 학, 거북 등으로 꾸민 공예품.

31자字로 된 짧은 와카가 주류를 이루었기 때문이다. 지금도 만들어지고 발표되고 하니 생명력이 무척이나 긴 문학 장르라고 할 수 있겠다. 여기서 파생되어 생긴 하이쿠俳句[3]는 일본의 젊은이들은 물론 미국의 문학계에서도 인기가 높다.

어느 나라, 어느 국민에게나 시詩와 노래는 존재한다. 이렇듯 시와 노래는 인간의 본능에 각인된 창작활동이라고 생각된다. 지금까지 많은 노래나 시가 만들어지고 소멸되고 했는데, 그 내용은 실로 다양하다. 종교적인 것이나 사랑의 노래를 필두로, 자연과 인생에 대해서 일어나는 어떠한 감흥이나 생각도 함축적이고 운율적인 언어로 표현하면 시가 되기 때문이다. 이렇듯 인간에게 너무나도 자연스러운 시 활동이 현대의 우리에게는 너무도 소원하게 된 것이 이상할 정도이다.

이렇게 발생된 노래나 시가 헤이안시대에 들어오면서, 조금 과장되게 이야기하면 더 이상 자유롭지도 솔직하지도 않은 덧옷을 입게 된다. 포장이 되는 것이다. 이러한 것을 짚어내기 전에 문학의 역할 담당에 대해서 이야기해보겠다. 남성 귀족들은 중국의 시詩인 한시 영역을 담당했다. 이는 중국의 문물을 받아들이는 선두에 서 있는 남성 귀족들에게는 너무나도 당연한 역할 담당이었다. 한편 여성들은 이러한 남성들과는 달리 일본에서 만들어진 가나를 통해 문학을 하게 되었다. 그렇다면 이러한 가나가 어떻게 만들어졌는지를 살펴보겠다.

---

[3] 와카和歌의 가미노쿠上句만을 따와서 만든 5.7.5의 17음으로 된 정형시. 단카短歌와 더불어 일본 단시형 문학의 양대 산맥을 이룸.

당시 사람들은 한문을 도구로 사용하는 곤란함에서 벗어나고자 히라가나平仮名를 고안해냈다. 특정 한자漢字의 음을 빌려 쓰고 그 한자를 초서체로 흘려 쓰고 흘려 쓰다 보니 간단한 글자체가 완성된 것이다. 그 이전에는 한자의 음과 뜻을 조합해서 표기하는 만요가나万葉仮名가 있었는데, 우리나라에 있었던 이두 정도로 보면 된다. 우리나라도 이런 과도기적 표기법에 불만을 품어 한글을 창제했듯이 똑같은 원리로 히라가나가 만들어진다.

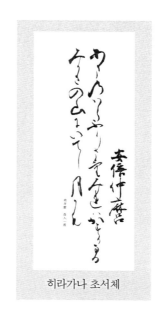

히라가나 초서체

이번에는 일본어의 또 하나의 문자인 가타카나片仮名는 어떻게 해서 탄생했는지 알아보도록 하겠다. 중국이나 한국을 통해 들여온 경전, 법전 등은 모두 한문 표기이다. 말의 순서도 중국의 것이기에 일본어와는 다르다. 그래서 뒤를 먼저 읽고 다시 앞으로 돌아와서 읽으라는 순서 표시를 한자의 한편에 적는다든지, 한자 옆에 써놓는 기호로 중국어에는 없는 조사나 어미를 만들게 되었다. 이러한 기호는 한자의 한 부분의 모양을 따서 만들어졌는데, 이것이 가타카나이다. 그래서 현대에도 외래어를 표기하는데 가타카나를 사용하는 것이다.

남성들이 아무리 한문을 잘 익혀 업무에 사용한다고 해도, 한계

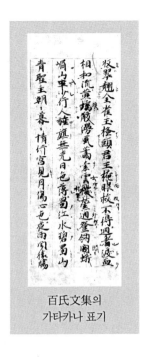

百氏文集의
가타카나 표기

는 있었을 것이다. 물론 사용하는 데 별 불편이 없다고 해도, 또 스가하라노 미치자네菅原道真[4]와 같은 천재 중의 천재들이 있었다고 해도, 대부분의 남성들은 그들의 창작활동에 많은 제약을 받는다는 것을 절감했을 것이다.

여성들은 히라가나를 획득하면서, 와카뿐 아니라 소설과 비슷한 모노가타리物語 등도 의욕적으로 창출해내게 된다. 그러나 남성은 한시, 여성은 와카라고 획일적으로 나누어 절대로 서로 침범하지 말라는 강제성은 없었다. 시대가 시대인 만큼 여성이 한시나 한학에 정통하다면 좀 이상한 눈으로 본다든지, 시샘 아닌 시샘으로 험담을 듣는다든지 하긴 했지만 당사자 본인은 자부심을 가지고 한시를 지었다. 또한 한시의 신神으로 추앙받는 미치자네도 와카를 읊었으니 결코 한시와 와카를 짓는 이의 경계가 굳건하지는 않았다는 것을 알 수 있다. 결국 와카의 가인歌人에는 남성 구성원들도 많아졌고, 와카는 남성과 여성이 공유하는 귀족 사회의 대중성을 확보하게 된다. 물론 이렇게 되는 데에는 천황의 힘이 컸다. 천황의 칙령으로 와카집이 만들어지고, 와카를 두 팀으로 나누어 겨

---

4) 菅原道真(845~903) : 일본 헤이안平安시대의 학자, 정치가, 한시인漢詩人. 현대에는 학문의 신으로 숭상되고 있음.

루는 우타아와세가 일본 궁중의 공식 행사로 자리매김 되었기 때문이다. 나중에는 이 우타아와세에서 본인의 와카가 이겼느냐 졌느냐가 굉장한 명예로 또는 불명예로 인식되기에 이른다. 비슷한 실력으로 당대를 풍미했던 두 전문가인專門歌人 중에 진 쪽 가인歌人이 낙담한 나머지 식음을 전폐해 끝내 죽음에 이르렀다는 말이 전해질 정도이다.

이렇듯 와카는 귀족 사회에 너무도 밀착되어갔다. 아마도 당시는 와카 없이는 일상생활이 성립되지 않았을 것이다. 천황의 비호 아래 궁중문학으로서의 위상을 획득했을 뿐만 아니라, 서로 전화나 편지를 주고받는 것처럼 와카를 사용했으니 말이다. 자신의 생각을 전할 때도, 문안을 할 때도, 연애를 할 때도 와카는 그 어디에서나 매개체 역할을 담당했다. 당시의 귀족들은 지금의 우리와 같이 직접적으로 대화를 하거나 만나는 것을 품위 없는 일이라고 생각했다. 특히나 성인 남녀들은 더 심했다. 친오빠나 남동생과 이야

발을 드리우고 서로 이야기하는 남녀

기할 때도 성인의 나이라면 우리나라의 발과 같은 것으로 거의 모습을 가리거나, 하인을 통해 말을 전달했고, 와카를 사용하여 이야기했다.

한 예로 사이구뇨고斎宮女御[5]라는 공주 출신의 여인을 살펴보기로 하겠다. 그녀의 아버지가 새 부인을 들이고 나서의 일이다. 그는 새 부인에게 사이구뇨고의 어머니가 얼마나 미인이었는지 이야기하다가 딸인 사이구뇨고에게 그녀의 어머니의 머리카락이 남아 있다는 것을 기억해낸다. 당시는 머리카락이 미의 상징이었기에 그는 머리카락을 보여 달라고 하기 위해 딸에게 사람을 보낸다. 그때 딸인 사이구뇨고는 와카[6]를 읊어서 머리카락 보여주기를 거절한다. 이렇게 와카는 일상에서 인간관계를 형성하는 매개체로 그 역할을 톡톡히 감당했다. 현재, 남녀가 직접 얼굴을 맞대서는 안 된다는 규율 때문이 아니라 편리성 때문에 휴대폰을 사용한다는 점이 다르긴 하지만, 하인 대신 전화를 사용하고 메시지를 보낸다

---

5) 斎宮女御(929~985) : 제47대 무라카미천황村上天皇의 부인. 아버지는 시게아키라친왕重明親王. 당대 유명한 가인歌人.

6) 斎宮女御集(西本願寺本 四三)
　　ちゝ宮のおはしける時に、はゝうへの御かたちなどを、いまのきたのかたかたりきこえたまひて、御ぐしのめでたかりしはまたあらむやとて、とりにたてまつりたまへりければ
　からもなくなりにしきみがたまかづら かげもやするとおきつゝもみむ
　　とて、たてまつらせ給はず、
　　아버님이 살아계셨을 때, 어머님의 용모 같은 것에 관해서 지금의 새어머니에게 말씀드리며 "머리카락이 얼마나 아름다웠는지, 그런 머릿결은 둘도 없을 걸."이라고 하셔서, 그 유품인 머리카락을 가지러 사람을 보내셨기에(다음의 노래를 읊었지요.)
　　"(세월이 흘러 지금은) 그 유해도 남아 있지 않는 어머니의 유품인 머리카락입니다. 혹시라도 그 모습이 떠오를까 하여 이쪽에 놔두고 지켜보고 싶습니다."
　　라고 말씀드리고 보내드리지 않았다.

는 점만 본다면 휴대폰으로 대화를 나누는 것과 와카를 사용하는 것이 흡사하다고도 볼 수 있을 것이다.

　이러한 와카는 시詩로서 함축적인 표현이 가능했고, 짧았기 때문에 빈번히 사용되었다고 판단된다. 헤이안시대의 사람들도 서로 편지를 주고받았는데 이러한 편지의 문구 안에도 수많은 와카들이 사용된 것을 볼 수 있다. 그래서 와카들을 모은 책인 와카집和歌集을 보면, 와카 한 수 한 수에 그 와카가 생겨난 배경에 대한 설명을 적어놓은 부분이 있기도 했다. 이것을 고토바가키詞書라고 한다. 즉, "어느 남녀가 사랑에 빠졌는데, 드디어 하룻밤을 같이 보내고 그 이튿날 남자가 여자에게 보낸 사랑의 시랍니다."라든가, "어느 천황이 궁중에서 연회를 열었는데, 그때 매화꽃에 대해 읊으라는 어명이 있어서 지은 노래랍니다."하는 식으로 뒤에 올 와카가 읊어진 정황에 대해서 설명을 하는 것이다. 이 설명이 길어지면 하나의 긴 스토리가 탄생할 것이라는 건 누구나 생각할 수 있을 것이다. 이것이 점점 발전하여 소설과 비슷한 일본만의 모노가타리 문학이 생겨났다. 누군가에게 들려주기 위한 이야기인 모노가타리, 여기에도 와카는 꼭 쓰인다. 와카는 커뮤니케이션의 도구였기에 이야기의 전개 과정에서 빼놓을 수 없는 것이다. 아니, 이야기 전개뿐만 아니라 그 시대의 일상이었기 때문에, 어디에나 감초처럼 끼어드는 것이라는 표현이 맞을지도 모른다.

　그런데 와카는 그 형식이 너무도 단순하다. 하지만 그렇다고 5.7.5.7.7의 31자만 맞추면 노래가 되는 것은 아니다. 이 31자에는 무수히 많은 약속이 존재한다. 이는 일종의 기교라고도 할 수 있을 것이다. 그럼 여기서 너무 어렵지 않은 간단한 예를 하나 들어보도록 하겠다.

だいし
題知らず

ちゅうなごんやかもち
中納言家持

かんなび　みむろ　やま　くず　　　　うらふ　かえ　あき　き
神奈備の三室の山の葛かづら裏吹き返す秋は来にけり

이 와카는 천황의 칙령으로 만들어진 8번째 가집 『싱코킨와카슈新古今和歌集』에 있는 것이다. 가을의 노래 상권上巻에 들어 있는 노래다. 여기서 「題知らず」라고 된 것은, 이 노래가 어떤 사정이나 테마로 읊어졌는지 모른다고 설명하는 고토바가키이다. 그리고 「中納言家持」는 작가의 이름이다. 먼저, 「神奈備の三室の山」라는 현대의 일본인들도 처음 들어봤을 듯한 아주 생소한 지명이 나온다. 이 지명은 일본 헤이안시대 공동체의 공동환상[7]이라고 할 수 있는 단어이다. 무슨 말인가 하면, 정확히 어디를 나타내는 지명인지 모른다는 뜻이다. 당시에야 어디인지 분명했을지도 모른다. 그러나 그 시대의 지명에 관한 서적들 중 어디에서도 찾아볼 수 없는 지명이다. 지금도 학자들이 그저 어렴풋이 세 군데 정도에 해당할 것이라고 추측하는 정도이다. 와카에 등장하는 지명이기 때문에 이것에 부여되고 고정된 이미지(약속)만이 중요한 것이다. 즉, 지명을 노래에 끌어들여 읊는다고 해도, 지금 가인歌人이 그곳에 있어서 그곳을 글로 나타낸 것은 아니라는 것이다. 현대와는 달

---

7) 谷知子, 『和歌文学の基礎知識』(角川書店, 2006.5)에서 사용한 단어를 원용함.

리 당시는 교통수단도 발달하지 않아서, 가인들의 행동반경도 그다지 넓지 않았다. 일본 국내라고는 해도, 아니 문화와 정치의 도시인 교토에서 가까운 곳이라고 해도, 못 가본 데가 더 많았을 것이다. 그렇다면 그러한 지명을 어떻게 가인들이 노래에 읊었을까. 그것은 그 지명이 어떠한 상황에 쓰이는지를 학습했기 때문이다. 이 이미지의 정착은 완벽하게 고정되어 그 누구도 반론을 제기하지 않을 정도였다. 그래서 와카는 보통 창작곡이 아니라 변주곡에 비유한다. 예를 들어,「神奈備の三室の山」라 하면 신이 진좌鎭坐하는 신성한 곳이고, 단풍이 아름답다는 이미지라는 것이 고정된 설정에 해당된다. 그러니 여름이라는 계절이 테마인 노래에는 등장할 수 없는 단어인 것이다. 이런 지명에 관련된 단어를 와카의 학문적歌学 용어로는 우타마쿠라歌枕라고 한다. 한자의 뜻 그대로 하면 노래의 베개라는 뜻인데, 노래를 읊는데 머리를 두는 베개처럼 전제로 두는 단어라는 뜻이 된다. 이러한 상황이니, 지명을 사용하려면 해당 지명에 해당하는 의미를 다 숙지하고 있어야 했다. 아무 지명이나 읊고 싶다고 읊는 게 아니었다.

이렇게 지명에 의미를 담는 것은, 당대의 유명 가인이 읊어서 모본이 되면 하나의 지표로 자리를 잡아갔을 것이고, 오랜 와카의 역사를 통해 만들어지고 다듬어졌을 것이다. 이렇게 표준으로 추앙받고 후세에 영향을 미친 가집이 있는데, 이것이 최초의 칙찬집인 『고킹와카슈古今和歌集』이다. 천황의 명을 받들어 편찬한 가집이니 분명 많은 정성을 들였을 것이다. 제목에 잘 나타나 있듯이 이 와카집에는 당대 뿐 아니라 과거의 좋은 노래까지 모아져 있는데, 이것만 보아도 당시의 사람들이 이것을 편찬하기 위해 얼마나 노력했는지 알 수 있다. 이렇게 하여 고킹와카슈라는 훌륭한 가집이 완성되었고, 이것은 와카사和歌史에 지대한 영향을 미쳤다. 남성들의 문화인 한시를 밀어내고 와카를 일본 고유의 것으로 자리 잡게 했기 때문이다.

『고킹와카슈』의 서문에 보면, 와카의 본질과 그 효용성 내지는 위상에 관해서 다음과 같이 천명하고 있다.

> 와카란, 사람의 마음을 종자에 비유한다면, 거기서부터 생겨나 말을 통해 나오는 무수한 잎사귀이다.
> 세상에 살고 있는 사람들은 여러 가지 상황 속에서 살기 때문에, 마음에 떠오르는 것, 듣고 보는 모든 것을 말로 표현한다. 이것이 노래이다. 꽃밭에서 우는 휘파람새, 물에 사는 개구리 소리를 들으면, 자연 속에서 삶을 영위하는 것 중, 그 어느것이 노래를 부르지 않는다고 할 수 있단 말인가? 힘을 하나도 들이지 않고 천지를 움직이며, 눈에 보이지 않는 영혼을 감격시키고, 남녀 사이를 친밀하게, 용맹한 무인의 마음까지도 온화하게 하는 것이 와카이다.[8]

좀 비유적인 표현이긴 하지만 '누구나 노래하지 않는 존재는 없다. 천지는 물론 사람의 마음을 움직이는 것이 바로 와카이다'라는 주장이다. 이러한 와카의 효용성에 있어서의 작은 출발점이, 시대가 흘러가며 더 강력해지고 큰 힘을 얻어 큰 물결로 발전한다. 『싱

---

8) 小沢正夫・松田成穂校注『古今和歌集』(小学館, 1994.11)
　　やまとうたは、人の心を種として、万の言の葉とぞなれりける。世の中にある人、ことわざ繁きものなれば、心に思ふことを、見るもの聞くものにつけて、言ひ出せるなり。花に鳴く鶯、水に住む蛙の声を聞けば、生きとし生けるもの、いづれか歌をよまざりける。力をいれずして天地を動かし、目に見えぬ鬼神をもあはれと思はせ、男女をも和らげ、猛き武士の心をも慰むるは歌なり。

코킨와카슈』의 마나조真名序9)에서는 「夫和歌者、群徳之祖、百福之宗也。〈略〉誠是理世撫民之鴻徽、賞心楽事之亀鑑者也」 '와카는 모든 덕의 시조이고, 만복의 근원이다. 진정으로 와카는 나라를 다스리고 백성을 사랑하는 근본이고, 마음을 찬미하고 사물을 즐기는 모범이 되는 것이다.'라고 규정한다. 이렇게 모든 덕과 복의 근원인 와카는 천황으로부터 시작하여 인간이라면 당연히 겸비해야 하는 덕목으로 자리 잡기에 이른다.

앞서 설명했듯이 우타마쿠라 같은 지명의 의미를 세우고, 전통을 내세워 변주곡을 만들어내 가면서, 얼마나 많은 수사법이 동원되었는지 모른다. 구체적인 수사법에 대해서는 결혼 과정을 설명하는 항목에서 상황과 함께 풀어가 보겠다. 아무튼 우리는 같은 문화권이라고 의식할 수밖에 없는 많은 약속과 규정 아래, 와카는 공동체의 모든 영위 속에 굳건히 자리 잡는다. 예를 들어, 앞서 소개

칡 잎사귀

---

9) 가집歌集의 한문漢文으로 된 서문.

한 「神奈備の」의 노래에 「葛かづら」라는 식물(칡넝쿨) 이름이 나온다. 이 칡 잎사귀는 잎의 표면과 뒤쪽의 색이 다르다. 그래서 가을바람에 살랑이는 잎사귀는 사랑하는 이의 변심을 나타낸다. 이런 약속이 있기 때문에 가을 노래의 가재歌材로 쓰인 것이다. 아무리 본인의 개인 상황이 결실의 계절인 가을에 사랑이 무르익어 간다고 할지라도 그런 사랑의 성숙을 노래하지 못하는 것은, 가을 자체의 이미지를 이 당시의 사람들은 변심에 의해 서로 상처입고 헤어지는 계절의 이미지로 고정시켜놓았기 때문이다. 가을이라는 계절의 일본어 발음은 아키秋이다. 그리고 일본어에서 질리다 싫증나다 라는 단어는 아키루飽きる로, 이 또한 아키라는 음을 갖는다. 그러니 와카를 짓는 데 있어서 가을이라는 계절은 애인이 싫증 내고 도망가는 계절이라는 전제가 깔리고, 이 설정을 지켜 와카를 창작해야 한다.

또한 와카는 변주곡의 형태를 갖는 만큼, 남보다 잘 읊으려면 기교를 잘 부려야만 한다. 그래서 그 기교가 고도로 발달하게 된다. 그러니 헤이안시대의 귀족들이 와카를 자유자재로 짓고 사용하기까지는 많은 연마가 필요했을 것이다. 각 귀족들은 이 일을 도와주는 비서관들을 데리고 대필시키기도 했다. 그럼 그 당시 사람들이 도달하고픈 와카의 경지는 어디까지였는지 살펴보겠다.

여성에게 요구되는 와카의 소양은 어디까지인가?

헤이안시대의 태평성대를 상징하는 천황 중에, 제62대 무라카미천황村上天皇이 있다. 그리고 그 후비들 중에 호시芳子10)라는 인물이 있다. 태어난 해에 관한 기록이 분명치 않지만, 여러 가지 정황으로 살펴 무라카미천황보다 10살에서 15살 연하로 추정된다. 당시의 미의 기준이었던 머리카락이 길기로 유명한 아주 아름다운 여인이었다고 한다. 눈꼬리가 약간 반달 모양을 한 아주 귀여운 용모를 하고 있어 무라카미천황의 사랑을 많이 받았다고 한다. 헤이안시대에는, 궁에 입궐하게 되면 살게 되는 궁궐 내부의 방局의 명칭과 부여되는 지위에 따라 그 여인을 부르는 호칭이 결정되었는데, 호시는 센뇨덴노뇨고宣耀殿女御라고 불렸다. 여기서 뇨고女御는 황후보다 하나 아래의 직위에 해당되므로, 앞으로 황후가 될 가능성이 있을 정도로 든든한 후견세력과 신분을 가진 여성이라야 될수 있었다. 호시의 아버지 모로마사師尹11)는 좌대신左大臣까지 지낸 막강한 후견세력이었고, 권력욕이 많았던 사람으로 전해진다. 호시는 어려서부터 무라카미천황의 배우자감으로 아주 철저히 교육을 받았다. 그 교육열에 관한 일화가 마쿠라노소시枕草子라는 수필집에 전해지는데 여기서 잠깐 소개해보도록 하겠다.

무라카미천황 시대의 센뇨덴노뇨고라고 하는 분이, 고이치죠小一条 좌대신의 영애셨다는 것을 그 누구 모르는 사람이 있을까? 아직 어린 아씨였을 때 부군이신 대신께서 가르치신 것을 보자.

"첫째로 서예お習字를 배워라. 그 다음으로는 거문고를 다른 사람보다 잘 연주해

---

10) 인명을 음독音読하였음. 일본의 역사 분야와는 달리 국문학 분야에서는 여성의 이름을 음독하는 것이 관례임. 그 전통을 따랐음을 첨언해둔다.

11) 師尹는 모로타다라고 읽기도 한다.

야 한다는 것을 유념해라. 그리고 그 다음에는 고킹슈古今集의 노래 20권을 전부 암기하여 너의 학문으로 삼거라."

대신은 언제나 이렇게 말씀하셨고, 천황도 일찍이 (그 사실을) 듣고 있었던 차에, 모노이미物忌み[12]의 날을 맞아, 고킹슈를 가지고 센뇨덴노뇨고의 거처에 납시었다. 그리고는 기쵸几帳[13]를 세우도록 시키시기에, 센뇨덴노뇨고는 평소와 같지 않게 이상하다고 생각하고 있는데, 천황이 책을 펼쳤다.

"어느 날 어느 때에 아무개가 읊은 이 노래는 어떤가?"

천황이 이와 같이 고토바가키를 읽으며 물으셨다.

"아하, 나를 시험하려는 것이구나."

사정을 파악한 센노덴노뇨고는 재미있는 일을 하신다고 생각은 했지만…. [14]

위의 마쿠라노소시의 이 일화는 호시의 아버지 모로마사가 호시의 교육에 대해 그 교과 과정까지 지적해주며 당부에 당부를 하는 것과, 남편인 무라카미천황이 호시의 고킹와카슈 암송을 시험하는 이야기이다.

여기서 우리는 당대의 최고 여성이 되기 위해서는 먼저 서예를 잘 쓰도록 연마할 필요가 있고, 거문고는 다른 사람보다 월등하도록 연습해야 하며, 와카의 소양을 갖추는 방법으로 좀 특이하긴 하

---

12) 陰陽道에 의한 당시의 풍습으로, 부정 타지 않기 위해 어떤 행위나 물건을 피하는 행위.

13) 서너 자 높이의 기둥 위 가로대에 휘장을 늘어뜨린 방의 칸막이, 또는 가리개.

14) 松尾聰・永井和子校注『枕草子』(新編日本古典文学全集18、小学館) 1997.11
村上の御時に、宣耀殿の女御と聞えけるは小一条の左の大殿の御むすめにおはしけると、誰かは知りたてまつらざらむ。まだ、姫君と聞こえるとき、ちちおとどの教へきこえたまひけることは、一つには御手を習ひたまへ。次には琴の御琴を人よりことに弾きまさらむとおぼせ。さては古今の歌二十巻をみな浮かべさせたまふを御学問にはせさせたまへとなむ聞えたまひけると、聞しめしおきて、御物忌なりける日、古今を持てわたらせたまひて、御几帳を引きへだてさせたまひければ、女御、例ならずあやしとおぼしけるに、草子をひろげさせたまひて、その月、何のをりぞ、人のよみたる歌はいかにと問ひきこえさせたまふを、かうなりけりと心得たまふもをかしきものの、

거문고를 타는 여인

지만 고킹와카슈를 통째로 암기해야 하는 의무가 있다는 것을 파악할 수 있다. 당대의 최고 여성이 되어야 하고, 많은 후궁들 중에서도 경쟁자를 제치고 특별히 가문의 영광을 나타내야 하는 막중한 임무가 호시에게 있었던 것이다. 그러니 그에 걸맞은 완벽한 여인이 되기 위해 얼마나 많은 시간 수련했어야 할지 어렴풋이나마 짐작은 갈 것이다.

고킹와카슈를 통째로 암기한다고 해도 당시의 교육이 얼마나 힘들었는지에 대해서는 감이 잘 오지 않을 것이다. 그러니 그것을 통째로 암기한다는 것이 어떠한 것인지를 살펴보겠다. 이것은 1111수의 노래를 한 자도 틀리지 않고 완벽히 외우는 것을 의미한다. 그 노래가 언제, 어떤 상황에서 누구에 의해 읊어진 것인가 하는 고토바가키의 설명까지 모두 다 말이다. 이렇게까지 해야 하는 이유는 역시 본인이 와카를 잘 짓기 위해 고킹와카슈를 귀감으로 삼아야 했기 때문이다.

이 뒷이야기는 더 재미있는데, 무라카미천황은 호시가 잘못하거나 빠뜨리는 부분을 찾아내기 위해 와카에 조예가 깊은 뇨보들을 배석하게까지 했다. 그러나 호시는 단 한 자도 틀리는 법이 없어 천황은 자신이 졌음을 시인하고 잠자리에 드나, 그래도 다 끝내기는 해야겠다고 생각하여 다시 불을 켜게 하고 밤새 끝까지 다 외우는 것을 확인한다. 이 상황을 전해들은 아버지 모로마사는 여러 곳의 사원에 연락하여 자기 딸이 하나도 틀리지 않도록 기원을 드리기에 이르렀다. 이러한 일련의 에피소드를 놓고, 평가하는 입장의 마쿠라노소시의 작자 세이쇼나곤淸少納言은 이렇게 말한다.

"이 얼마나 우아하고 훌륭한 장면인가. 배석한 뇨보들마저 부럽다."

또한 이런 풍류 있는 이야기는 다시없을 거라는 같은 시대의 뇨보들의 감상도 곁들여놓는다. 감히 호시가 부럽다고는 이야기조차 못 꺼내고, 그 자리에 자기가 뇨보로서 배석했다면 여한이 없었겠다고 하는 것이다. 사실, 세이쇼나곤은 헤이안시대를 대표하는 재녀才女 중의 재녀이다. 그러한 여성이 한없이 부럽게 느끼는 이 상황에서의 호시의 실력이야말로, 당대의 여성이 갖추어야 하는 소양이고 이상향이었다는 것을 알 수 있다.

무라카미천황은 본인이 와카에 조예가 깊었기 때문인지 배우자들을 상대로 재미있는 퀴즈를 낸 것으로도 유명하다. 한 번은 12명 정도의 모든 배우자들에게 와카를 지어 보냈다. 모노노나物名라는 것은 고킹와카슈의 한 부분의 이름이기도 하고, 와카를 읊는 한 방

법이기도 하다. 와카를 읊을 때, 그냥 보통의 와카와 별반 다르지 않게 읊지만 각 구마다 들어 있는 글자를 합하면 어떤 사물의 이름이 되게 만드는 것이다. 하루는 천황이 「あはせたき(현대어 : 合薫物)[15]」라는 단어를 와카에 넣어서 짓고는, 그 와카에 대해 어떤 답가를 보내나 배우자들의 재치를 시험했다. 사실 천황이 원한 것은 향을 피우는 향로를 가지고 오는 것이었다. 그랬더니 딱 한 사람 게이시計子만이 향로를 보내와서 그 재치를 크게 칭찬 받았다고 한다.

사실 이러한 것도 다 당대에서 둘째가라면 서러울 정도로 재색을 겸비한 여인들이 후궁사회를 이루고 있었기 때문에 가능한 것이었다. 앞서 잠시 이야기했던 사이구뇨고키시斎宮女御徽子도 거문고의 달인에다 유명한 가인이었으니 말이다. 정리를 해보자면, 헤이안시대의 집권층은 딸을 교양 있게 잘 키워서 천황에게 시집보내어 후에 보위를 이을 왕자를 얻는 것으로 정치권력을 손에 쥐길 원했다. 여성의 성역할적 입장에서 비판한다면 여성을 정치 도구로 삼는 것만 같아 불쾌하게 생각할 수도 있으나, 당시에는 이러한 것이 모든 여성이 꿈꾸는 최고의 이상이었고, 그녀들의 지위나 소양이라는 것도 같은 여성이라면 누구나 부러워했다. 그리고 이런 최상층의 교양은 모든 귀족 여성이 모방해야 하는 하나의 덕목이었다.

이제 그녀들의 삶에 있어 와카가 얼마나 중요했는지 좀 실감이 갈 것이다. 귀족 여성들의 역량은 와카로 평가되었다고 봐도 과언

---

[15] 여러 가지 향료를 혼합하여 좋은 향을 만들어 피우는 것.

이 아니다. 그러면 이제 일생일대의 가장 중요한 행사이기도 한 결혼식에 있어서의 와카의 효용성에 관해 언급하도록 하겠다. 천황가의 결혼식은 일반 귀족과는 좀 다른 여성의 입궐 형식으로 이루어지기 때문에, 여기서는 헤이안시대의 절대 다수인 귀족들의 결혼 방식에 관해 설명하도록 하겠다.

결혼 생활과 와카 : 와카가 능숙한 여인이 미인

남녀가 사랑에 빠져 교제하고 서로를 충분히 알게 된 후 결혼하는 것이 우리들에게는 일반적이다. 그러나 불과 몇 십 년 전까지만 해도 이러한 결혼보다는 부모나 가정의 의사에 의해 결혼을 하는 경우가 많았다. 우리들 할머니 세대가 연애는커녕 얼굴도 보지 못한 사람에게 시집왔다고 종종 말하는 것을 들은 적이 있을 것이다. 그럼 헤이안시대의 귀족들은 어땠을지 살펴보자.

당시는 상대를 보다見る, 만나다逢う라는 표현 자체가 결혼을 의미했다. 앞에서도 잠시 서술했듯이 같은 남매간이거나 부모와 자식지간이라도, 성인식을 끝낸 나이라면 남녀 간에 서로 직접 얼굴을 대면하는 일이 거의 없었다. 서로 얼굴을 본다는 것만으로도 창피한 일이었기 때문이다. 남남인 남녀 간에는 더더욱 말할 필요도 없었다. 유교 사상이 들어오기 전에도 남녀가 유별한 상태가 일본에는 있었던 듯하다. 물론 그 운용은 많이 다른 형태이지만 말이다. 한 예를 들어보겠다.

일본이 일본 고유의 전통 문화유산 중 최고로 꼽는 겐지이야기

源氏物語라는 이야기(장편소설)가 있다. 무라사키시키부紫式部라는 여인이 쓴 것인데, 거기에는 다음과 같은 상황 설정이 나온다. 천황의 아들로 태어난 히카루겐지光源氏는 어려서 어머니를 여읜다. 그리고 아버지인 천황은 새어머니라고 할 수 있는 다른 여인을 맞아들인다. 후지쓰보노미야藤壺の宮라는 고귀한 신분의 아리따운 여인이다. 어려서 어머니를 잃은 히카루겐지는 새엄마에 해당하는 후지쓰보노미야를 누님처럼 엄마처럼 따른다. 둘 사이는 누구의 눈에도 너무나 아름답게 보인다. 그러나 어느덧 히카루겐지는 유년기를 넘어 성인식을 치르게 된다. 당시는 13살에서 15살 정도에 성인식을 행했다. 지금 같으면 아직 사춘기 소년인데, 이제 성인식을 치르고 나면 이제까지 오누이처럼 모자처럼 지내던 이 둘의 사이에 일대 변화가 생기게 된다. 직접 대면할 수 없기 때문에, 같이

히카루 겐지   겐지이야기의 서책 사진

산책을 한다거나 악기를 연주하는 것은 고사하고, 대화를 하더라도 고운 발을 드리우고 하녀들을 대동하고 이야기해야 한다. 마음을 주고 애정을 느끼던 존재를 하루아침에 빼앗긴 히카루겐지의 상심은 이루 말할 수 없었다. 인간은 장애가 생기면 더 애처로이 갈구하는 모양이다. 히카루겐지의 애정결핍은 후지쓰보노미야를 한 여인으로 사랑하게끔 만들어버린다. 이 같은 사랑의 늪이 겐지 이야기의 출발점이 된다.

헤이안시대의 이러한 풍토에서라면 남녀가 어떻게 사랑에 빠지게 될까? 사랑의 노래를 살펴보면, 보지 않고 하는 사랑見ぬ恋이라든가, 평판을 듣고 하는 사랑音に聞く恋이라는 장르 설정이 있다. 우리로써는 믿기 어려운 점도 있지만, 당대의 남성들은 직접 그 여성을 본 적 없이도, 아름답고 고귀한 아가씨가 있다는 소문을 듣는 것만으로 가슴이 두근거리고 사랑하는 마음이 생겨났다고 한다. 그럼 그 반대의 경우인, 여성이 한 남성에 대한 평판을 듣고 사랑에 빠지는 일은 없었는가를 생각해보자. 실제로야 있을 법도 하지만 이러한 가슴 두근거림의 상황을 여성들은 와카로 남길 수도 없었고 남겨서도 안 되었다. 그러니 알 수 없다는 게 정답이 되겠다. 다음의 예를 한번 보자.

つらゆき

逢ふことは雲居はるかに鳴る神の音に聞きつつ恋わたるかな

(古今・恋一・482)16)

---

16) 古今은 가집명인 古今和歌集의 약자, 恋一는 각 장部立의 제목, 아라비아 숫자는 노래 번호를 나타냄. 이하, 각 와카和歌의 인용에서도 동일한 표기법을 취함.

(당신을) 만나는 일은, 구름이 아득히 멀리 있듯이 도저히 손에 닿을 수 없는 일이 겠지요. 멀리서 울려 퍼지는 우레 소리를 듣는 것처럼 멀리서 들리는 소문을 들으며 (당신을) 사랑하고 있습니다.

이것이 바로 평판을 듣고 하는 사랑音に聞く恋이라는 노래이다. 남성만이 이런 형태의 와카를 지어 사랑하는 여성에게 보내게 된다. 일련의 연애 과정의 첫 절차라고 볼 수 있다. 그런데 이러한 시대 상황에서 소문이 과장되거나 헛소문이기도 했기에 낭패를 본 사람도 있다. 앞서 이야기한 히카루겐지의 경우도 그런 적이 있다. 당시는 다처혼多妻婚이자 가요이콘通い婚[17] 및 무코토리콘婿取り婚[18]의 형태였기 때문에, 남성은 밤에만 부인과 함께 보내고 동이 트기 전에 본인의 집이나 직무하는 곳으로 가버리곤 했다. 물론 한평생 이런 형태로 사는 건 아니지만 결혼 초기에는 이런 형태가 지배적이었다. 그러니 여주인 되는 여성이 추녀에다가 다소 모자라고 와카의 소양을 갖추고 있지 못한 경우라도, 그 여주인을 모시는 하녀들이나 뇨보들이 그러한 단점들을 감추기 위해 필사적으로 노력한다면 어느 정도까지는 가능했다. 이를테면 와카를 대필한다든지, 여주인의 거문고 연주를 멀리서 듣게 하여 능숙한 건지 어떤 건지 구분을 못하게 한다든지 하는 방법으로 말이다. 이런 하녀들의 눈물겨운 노력의 결과, 히카루겐지는 스에쓰무하나末摘花라는 여성과 맺어지기도 한다. 스에쓰무하나는 홍화를 가리키는 말로, 코끝이 빨간 기묘한 얼굴 생김새를 비유적으로 표현한 말이다. 이런 히카

[17] 남녀가 거주하는 곳이 따로 있고, 남성이 여성의 집을 방문하는 형태의 결혼.
[18] 여성의 가문에서 남성을 한 가족으로 인정하여 맞아들이는 형태의 결혼.

루겐지의 경우처럼 정확한 정보가 입수되지 않아서 곤란한 경우도 있겠으나, 헤이안시대의 남성들에게는 이러한 사랑이 대체적이었다. 보지 않으니 더 애틋했을지도 모른다.

좀 더 구체적으로 계기가 마련되는 경우도 있는데, 어느 여성의 우차牛車로부터 살짝 보인 옷자락의 분위기라든지, 고운 발御簾 너머로 보인 기품 있는 자태를 엿본 경우가 이에 해당된다. 이런 상황을 가이마미垣間見라고 한다. 이러한 아주 작은 계기도 남성의 마음에 사랑의 불씨를 심기에는 충분했다. 이번에 소개하는 장면도 겐지이야기에서 인용하는 것이다.

온나산노미야女三宮는 히카루겐지의 말년에 정처가 되는 고귀한 신분의 여성이다. 그녀는 히카루겐지와 나이 차이가 많이 났지만, 스작쿠인朱雀院인 아버지는 히카루겐지가 당대의 권력가였기에 그에게 딸을 시집보낸다. 그러던 어느 날 히카루겐지는 동거하고 있는 아내인 무라사키노우에紫の上가 병이 들어 온나산노미야의 거처를 찾는 일이 뜸해진다. 이러한 상황 중에, 청년 가시와키柏木는 난동을 부리던 고양이로 인해 젖혀진 발御簾 사이로 온나산노미야의 기품 있고 아름다운 모습을 보게 된다. 이런 계기가 가시와키로 하여금 지옥과도 같은 고뇌의 사랑 속으

울타리 너머로 집안을 엿보고자
하는 남성

로 들어가게 만든다. 원래 가시와키는 온나산노미야의 배우자 물망에도 올랐던 청년이었다. 결국, 둘은 히카루겐지의 눈을 피해 맺어지고 급기야는 아이도 갖게 된다. 히카루겐지는 이런 내막을 알면서도 태어난 아이를 자기의 자식으로 인정해 키운다. 하지만 결국 온나산노미야는 죄책감에 출가를 해버리고, 가시와키는 양심의 가책 속에 생을 마감하고 만다.

사랑의 계기에 대해 두 가지의 경우를 이야기했는데, 이런 계기가 마련되면 연애의 과정에서 와카가 그 힘을 발휘하게 된다. 남성이 자신의 사랑의 마음을 전하는 수단으로 사용하기 때문이다. 다음의 와카는 모노가타리가 아닌 실제의 연애 상황에서 만들어진 노래이다.

　　　　しげあきらのみこの女御の、まだまいらざりけるに、さくらにつけて
ふく風のをとにきゝつゝさくらはなめにはみえでもちらす春かな
시게아키라왕자의 뇨고重明親王의 女御가 아직 입궐하지 않았을 때, 벚꽃과 함께
보낸 노래.
바람 부는 소리를 듣고 있으려니 눈에는 보이지 않지만, 소문으로만 듣고 당신을
보지 못하고 있는 중에, 어느덧 벚꽃 잎이 떨어지는 봄이 되었군요.

이 노래는 무라카미천황이 사이구뇨고키시와의 결혼이 성사되기 전에 보낸 사랑의 노래이다. 좋은 평판을 들을 뿐 만나지 못하는 안타까움을 표현함으로써, 당신과 빨리 만나고 싶고 결혼하고 싶다고 호소하는 노래이다. 이런 사랑의 노래를 받은 여성들은 답가를 보내게 된다. 여기서 와카의 증답贈答이 이루어지는데, 연애

의 대부분의 과정은 이런 와카의 증답이 전부이다.

한 남성으로부터 와카가 도착하면 여성의 집에서는 큰 소동이 벌어진다. 누가 보냈느냐, 답장을 하느냐 마느냐, 사윗감으로 적당한 사람이냐 아니냐 등 의견이 분분하다. 그러나 아무리 마음에 쏙 드는 남성으로부터 와카가 도착했더라도, 처음부터 금방 답가를 보내는 것은 아니다. 묵묵부답으로 상대를 더 애타게 만들거나, '당신의 이런 사랑 고백은 진짜가 아닐 거예요. 저를 놀리시나요?' 라고 되받아치는 수법을 쓴다. 몇 번이나 이럴 수 있는데, 여기서 남성은 포기하면 안 된다. 자기의 사랑이 얼마나 진실 되고 간절한 지 증명해보이기라도 하듯이 계속해서 와카 공세를 해야 한다. 그 러면, 여성 쪽이 어떻게 상대의 사랑 고백에 대해 본인은 전혀 관심이 없는 척하는지 예를 한번 들어보도록 하겠다.

다음의 노래는 이즈미시키부和泉式部라는 여성의 노래이다. 먼저 배경을 좀 알아두어야 노래가 해석될 것 같다. 이즈미시키부라는 여성은 뇨보로써 궁정에 출사하는 신분이었다. 거기서 먼저는 레 제테冷泉帝의 세 번째 왕자인 다메타카친왕爲尊親王과 사랑하는 연 인 사이가 된다. 그러나 다메타카친왕은 얼마 안 있어 세상을 떠나 버린다. 그 후, 아직 실의에 빠져 있는 이즈미시키부에게 다메타카 친왕의 동생에 해당되는 아쓰미치친왕敦道親王이 구애를 하는 상황 이다.

帥宮敦道親王

うち出ででもありにしものをなかなかに苦しきまでも嘆く今日かな

이즈미시키부

그렇게까지 확실히 심정을 표현하지 않았으면 좋았을 걸, 괜스레 고백을 해버려,
오히려 고통스럽게 슬퍼하는 오늘이구나.

和泉式部
今日のまの心にかへて思ひやれながめつつのみ過ぐす心を

'고통스럽게 슬퍼하는 오늘이구나.'라고 말씀하시지만, 그 단지 하루의 마음에 비교해서 생각해보십시오. 형님을 잃고 쭉 이어지는 고독과 이런저런 생각으로 나날을 보내고 있는 저의 마음을.

이 두 수의 증답가贈答歌는 이즈미시키부와 아쓰미치친왕이 연애의 아주 초기에 주고받은 노래이다.

아쓰미치친왕도 이즈미시키부가 형의 애인이었음을 알고 있었다. 그럼에도 구애를 한 것이다. 그래놓고 이즈미시키부의 반응이 너무 차가우니까 '차라리 고백을 하지 말 걸, 제가 얼마나 괴로운지 아십니까?'라는 의미의 노래를 이즈미시키부에게 보낸 것이다. 이러한 노래에 대해, 가인 중에도 걸출한 가인이었던 이즈미시키부는 '오늘'이라는 단어의 꼬투리를 잡아 '당신은 오늘 하루만 괴로우신 거죠? 제가 형님을 잃고 매일매일 얼마나 슬픔에 잠겨 있는지 아세요?'라고 되받아친다. 사실 내용을 들여다보면 아쓰미치친왕을 얼마나 참담하게 만드는 답가答歌인지 모른다. 경쟁 상대가 될 수도 없는 죽은 형님 생각에 다른 사람은 들어올 틈도 없다고 일언지하에 거절하는 것이기 때문이다.

이즈미시키부의 이러한 차디찬 답가, 이것이 연애 초기의 전형적인 긴장관계이다. 상대 남성이 보내온 첫 노래에 마음이 다 녹아내릴 정도로 반했다고 해도, 결혼의 후견인이자 가장 큰 의견을 낼 수 있는 부모님이 쌍수를 들고 환영하는 신랑감일지라도, 여성은 남성의 마음에 곧바로 응해서는 안 된다. 거듭거듭 안 그런 척 거절을 표명해야 한다. 반대로 정말 거절하고 싶어서 매몰찬 노래로

답할 수도 있다. 그래도 10번 찍어서 안 넘어오는 나무 없다는 우리네 속담도 있듯이 남성이 성의 있게 계속 구애를 해서 여성 쪽에서 끝내는 마음을 여는 경우도 있고, 반대로 남성이 제풀에 꺾이는 경우도 발생한다. 결국 이 기간은 서로를 시험하는 중대한 시기라고 할 수 있다.

그래도 이즈미시키부의 경우처럼 본인이 직접 지은 노래를 답가로 받는다면 이 연애의 성공 가능성은 꽤 높다고 할 수 있다. 자기가 직접 지어서 보내기 전에 곁에 있는 뇨보 같은 존재에게 대필을 시켜 남성의 반응을 살피는 경우도 있기 때문이다. 여성 쪽에서는 나 자신을 드러내는 내 필체, 내 노래를 어떻게 보여줄 수 있겠냐는 의식이 작용하는 것 같다. 이럴 때 어떻게 대필인지 알고 남성 쪽에서 재치 있게 대처 했는가가 궁금증으로 남는다. 다음 노래를 보길 바란다.

「まめやかなるやうにてあるも、いと思ふやうなれど、このたびさへなうは、いとつらふもあるべきかな」
など、まめ文のはしに書きて添へたり。
いづれともわかぬ心はそへたれどこたびはさきにみぬ人のがり
とあれど、例のまぎらはしつ。
"빈틈없이 완벽한 답가도 매우 고맙게 생각하지만, 이번에도 또 당신이 직접 쓴 답가가 없는 것은 아주 유감입니다."
이렇게 그 사람(가네이에兼家)이 보낸 의례적인 편지의 끄트머리에 노래가 쓰여 있었습니다.
대필이라도 자필이라도 그 어느 쪽도 기쁘지만, 이번에는 (이 노래를) 아직 필적을 본 적이 없는 분께 드리고 싶습니다.

이렇게 쓰여 있었지만, 언제나처럼 대필로 적당히 얼버무렸습니다.

이 연애 장면은, 가게로일기蜻蛉日記라는 작품에서 발췌한 것이다. 가게로일기의 저자인 미치쓰나노하하道綱母와 그의 남편인 가네이에兼家가 연애 시절 주고받던 노래이다. 가네이에는 당대의 정치권력가의 아들로 대단한 집안의 아들이다. 그런 탓인지 몰라도 가네이에의 청혼에는 좀 난폭한 면이 없지 않다. 보통 이렇게 와카가 오가면, 중개자仲介者를 세워서 여성 쪽의 집안에 청혼을 한다. 그런데 가네이에의 경우는 그런 중개자를 세우지도 않고, 무례하게도 미치쓰나노하하의 아버지에게 농담인지 본심인지도 헷갈리는 태도로 직접 청을 넣었다고 일기에서는 말하고 있다. 그래서 미치쓰나노하하가 끝까지 자존심을 세우려는 듯이 한동안 대필로 응수했는지도 모른다.

이번에는 연애에 이처럼 비중이 있는 와카를 잘 짓기 위한 기교에 대해 좀 언급한 후, 결혼의 다음 단계로 넘어가도록 하겠다. 지금까지 봐왔듯이, 헤이안시대에 결혼 상대에 대해서 알 수 있는 정보라고는 하녀들이 수집하는 정보 외에 와카가 유일하다고 봐도 과언이 아니다. 그러니 남성이건 여성이건 와카가 자신을 대변한다고 여기고, 상대방의 마음을 사로잡으려고 많은 정성을 쏟았을 것이다. 어렸을 때부터 반복하여 소양을 쌓아온 와카, 이것이 활짝 꽃피는 때가 바로 연애기간이다. 그렇다면 과연 어떻게 이러한 와카로 상대방의 마음을 사로잡았는지 알아보자.

와카에는 사람의 감정과 자연이 완벽하리만큼 잘 묶여 있다. 우리 현대인들은 자연에서 너무나도 벗어난 생활을 하기에, 자연과 일체감을 형성하는 옛사람들의 정서를 실로 상상하기 어렵다. 자연과 일치시켜서 표현하는 마음의 의사소통 수단을 와카라고 할 수 있다. 이를테면 와카로 자신의 마음과 감정을 상대에게 호소하고자 할 때, 와카에서는 우리가 이야기를 하듯이 그 감정을 전부 나타내면 안 된다. 예를 들어 사랑한다든가 슬프다든가 기쁘다든가 하는 감정들을 직접적인 형태로 와카에 쏟아놓으면 안 된다는 것이다. 이런 말들을 직접 사용하지 않더라도 그 감정이 상대에게 전해지도록 하기 위하여 식물 또는 자연의 풍경, 다양한 사물을 사용한다. 즉 감정의 부분을 사물이나 자연과 합치시켜서 아름다운 노래로 만드는 것이다. 그러니 감정과는 상관없는 사물이나 자연을 자신의 감정과 어떻게 연결시키느냐가 와카를 읊는 입장에서는 가장 신경써야하고 또 솜씨를 보일 수 있는 중요한 부분이라고 할 수 있다.

이러한 와카의 기술로 가장 많이 쓰이는 수법에 가케코토바掛詞라는 것이 있다. 하나의 단어로 두 가지를 표현할 수 있는 아주 경제적인 방법이다. 그런데 만일 한자로 노래를 읊었다면 이런 수법은 탄생하지 않았을 것이다. 우리는 한글을 가지고 있기에 이러한 것을 잘 이해할 수 있다. 「배」라고 하면, 먹는 배, 타는 배, 신체 부위의 배 등 여러 뜻을 담을 수 있지만 한자로 표기해버리면 「梨」, 「船」 등과 같이 다른 뜻을 품을 수 있는 여지가 사라지고 만다. 그래서 일본에서는 가나를 이용해 노래의 표면은 자연을 읊는 것 같지만, 거기에다 사람의 심정을 담을 수 있는 동음이의어 기법을 사용함으로써, 자신의 감정을 우회적으로 표현하는 것이다.

小野小町

花のいろは移りにけりないたづらにわが身世にふるながめせしまに
꽃의 아름다운 모습도 <u>나의 용모도 이제는 덧없이 색이 바래가는구나, 내가 상념</u>
<u>에 사로잡혀 밖을 멀리 처다보고 있는 동안,</u> 장마 때문에….

이 노래는 너무도 유명한 미인의 노래이기에, 일본 국민이라면
누구나 알고 있다고 해도 과언이 아니다.

먼저 노래에 나타난 표면적인 뜻은 밑줄이 없는 부분이다. 그러
나 일본어의 「いろ」는 꽃의 모습色과 사람의 아름다운 용모容色를
나타내는 뜻으로 중의적인 해석이 가능하고, 「ふる」는 비가 온다
는 뜻降る과 늙는다는 뜻古이 겹쳐지고, 「ながめ」는 장마長雨와 멀
리 조망하다眺め라는 이중의 뜻이 있다. 그러니 노래의 표면에서는
사물이나 자연을 읊고 있지만, 작가가 진정 이야기하고픈 본심이
동음이의어 속에 감춰져 있는 것이다. 결국 밑줄 친 부분이 본뜻이
다. 흐르는 세월에 덧없이 색이 바래가는 자신의 용모를 한탄한 것
이라 볼 수 있다. 이렇듯 눈에 보이는 사물과 눈에 보이지 않는 심
정이 매치되어 노래가 빛나 보이는 기법, 이것이 바로 가케코토바
이다.

이 가케코토바의 전통을 그대로 살린 것은 아니지만, 현대의 일
본에서도 아주 유머러스하게 이 가케코토바의 수법을 활용하고 있
다. 소위 다쟈레駄洒落라고 하는 것인데, 같은 음을 가진 어휘를 이

용해서 놀이로 삼는 것을 말한다. 「お帰りゼーのために(오카에리제노타메니)」와 「ただいまカロニグラタン(타다이마카로니그라탕)」 같은 예는 'LONG VACATION'이라는 일본 드라마에서 나온 대사인데, 드라마의 등장인물이 서로 어색한 상황에서 분위기 쇄신을 위해 농담을 주고받는 장면에서 활용되었다. 「오카에리」는 집에 돌아오는 사람에게 하는 인사인데, 「에리」라는 동음을 이용해서, 「에리제노타메니」라는, 엘리제를 위하여 라는 베토벤의 작품명을 끌어낸다. 그냥 잘 왔다고 인사하면 어색하니까, 끝에 살짝 농담조로 덧붙인 것이다. 「타다이마카로니그라탕」의 경우의 연결고리는 「마」라는 음이 담당한다. '다녀왔습니다.'라는 인사말 「타다이마」에 「마카로니그라탕」이라는 음식명을 연결시키는 것이다. 이런 언어의 유희를 잘 즐기는 일본인의 전통은 오랫동안 다져진 와카의 기법에서 이어져온 것이라 해도 과언이 아닐 것이다.

다음으로 와카의 중심이라 할 수 있는 죠고토바序詞에 대해서만 설명하고 본론인 결혼의 다음 과정에 대해 언급하도록 하겠다. 가케코토바 수법이 와카의 어휘의 폭을 넓혀주는 횡적인 역할을 담당하는 것에 비교한다면, 종적으로 와카를 연결하는 수법이 죠고토바라고 할 수 있다. 즉, 와카의 상구上の句가 자연의 정경을 노래한 것이고, 하구下の句가 사람의 심정을 노래한 것이라면, 사람의 심정을 이끌어내기 위한 베이스가 되는 상구가 죠고토바가 되는 것이다. 즉, '사물시리즈'라고 간주할 수 있는 상구와 같은 '사람시리즈=사람의 심정을 노래한 하구'를 이끌어내는 비유적인 표현이다. 예를 한번 들어보겠다.

風をいたみ岩うつ波のおのれのみくだけてものをおもふ比かな

(『百人一首』・源重之)

너무나 바람이 세서, 바위에 부딪치는 파도가 부서지듯이, 바위는 아무렇지도 않
게 미동도 하지 않는데 〈나의 연민의 대상인 그 여인의 마음은 전혀 움직이지를
않는데〉, 나의 마음만 번민에 부서지누나.

여기서 심한 바람 때문에 바위에 부딪쳐 부서지는 파도가 자연
의 묘사(A)로써 '사물시리즈'가 되는 것이고, 그 바위와 같이 전혀
반응이 없는 여성에 대해 무너져 내리는 작가의 마음이 심경의 묘
사(B)로써 '사람시리즈'가 되는데, 바로 (A)의 '사물시리즈'가 (B)
의 '사람시리즈'를 이끌어내는 죠고토바가 되는 것이다. 본론인 심
경을 노래하기 위해 서경적인 서론을 읊는 기법이라고 할 수 있다.
여기서 중점이 되는 것은 (A)의 '사물시리즈'가 (B)의 '사람시리
즈'와 얼마나 일치되는가 하는 것이다. 어중간한 일치는 죠고토바
의 묘미를 제대로 자아내지 못한다. 예를 들어, 매정한 사람을 원
망하는 노래를 짓는 데 얼음을 이용하는 게 좋을까, 꽃을 이용하는
게 좋을까? 이렇듯 본인의 심경을 가장 잘 표현할 사물을 이용하여
구사하려는 노력이 절실한 것이다. 자신의 이 기교를 상대방이 단
번에 알아주어야 효과가 극대화되기 때문이다.

이렇듯 와카를 읊는다는 것은 아주 대단한 작업이다. 와카의 기
법이 이 두 가지만 있는 것도 아니다. 아주 대표적인 수법만을 설
명한 것이니 착오 없길 바란다. 어쩜 이러한 세세함이 일본인의 성
격을 좌우했을지도 모른다. 결혼이라는 본인의 운명을 좌우할 만
한 거사 앞에서 본인의 마음을 드러내는 한 수 한 수의 와카를 신

중히 만들어냈어야 했으니 말이다. 와카가 좀처럼 떠오르지 않는다고 마냥 시간을 끌 수도 없었다. 제때에 타이밍 좋게 대처하는 것 또한 무엇보다 중요했던 것이다.

2 결혼의 프로세스

현대의 우리들의 연애처럼 와카를 주고받는 연인들의 마음이 서로 점점 가까워지고 또 집안사람들이 호의적인 태도를 보인다면, 결혼으로의 길이 활짝 열리게 된다. 당시의 결혼 적령기는 대체로 여성의 경우가 13, 4살 정도, 남성의 경우가 15살 정도였다. 일련의 결혼 과정에 관한 학설은 아주 다양하지만, 공통적인 결혼의 구성요소를 살펴보면 다음과 같이 정리할 수 있다.

먼저 중매자를 세운다. 시녀나 아는 사람이 그 역할을 담당한다. 이어서 부모의 허락을 받아야 한다. 특히 여성 쪽의 아버지로부터의 양해가 매우 중요하다. 헤이안시대는 기본적으로 여성이 시집을 가는 것이 아니라 남자가 장가를 드는 형태였다. 그러니 결혼 이후의 경제적인 부담도 여성의 집안 몫일 경우가 많았기 때문에, 여성의 후견인인 친정아버지의 의견은 매우 중대한 것이었다.

다음으로는 피로연이다. 일본어로는 「도코로아라와시露顕」라고 한다. 결혼식도 없이 무슨 피로연이냐며 의문을 표시할 지도 모르겠다. 하지만 결혼의식으로서 절정을 이루는 것이 피로연이기 때문에 이렇게 표현한 것이다. 결혼식은 3일 동안 이루어지는데, 「도코로아라와시」를 거행할 때까지는 완벽한 결혼이 아니다. 이 뜻은 3일 안에 결혼이 무효가 될 수도 있다는 뜻이다.

그럼 두 연인이 맞이하는 결혼식이라는 3일간의 과정을 살펴보자. 결혼 첫날이 되면, 아침에 남성 쪽에서 오늘 저녁 여성의 집을 방문하겠다는 정중한 편지를 보낸다. 그리고 저녁이 되면 자신의 행렬을 이끌고 여성의 집으로 찾아온다. 한국에서 여성의 집으로 함이 들어가는 것을 연상하면 될 것이다. 이때 남성 측은 횃불을 들고 오는데, 이것을 여성의 집안에 있는 시소크紙燭라는 조명기구에 옮겨 붙인다. 이 불은 결혼식이 끝날 때까지 3일간 계속 밝혀둔다. 현대의 촛불 점화 전통이 일본에서는 꽤나 오래된 것이라 볼 수 있다. 어쨌든 그 다음에는 남성이 여자의 거처로 들어가게 되는데, 이제까지는 고작해야 와카를 주고받거나, 발을 드리우고 얼굴도 보지 못한 채 진행하던 연애의 과정과는 달리, 후스마오이衾覆い라고 해서 두 사람의 이불이 깔리고 바로 동침하게 된다. 이때의 재미있는 습관으로는 남성의 신발을 여성의 부모가 가슴에 품고

시소크

잔다고 하는 것이 있다. 당시는 다처혼이었으니 신랑의 발걸음을 언제까지나 자신들의 딸에게 머물게 하고자 하는 염원을 담은 행동이었을 것이다.

이렇게 부부가 된 신

랑신부는 새벽녘에 일단 헤어진다. 일단 본인의 집으로 돌아간 신랑이 그 무엇보다도 빨리 해야 하는 의무 조항이 있다. 가능한 한 빨리 기누기누노우타後朝の歌라고 하는 와카를 신부 측에 보내야 하는 것이다. 원래 이 기누기누노우타에서 기누기누後朝의 어원은 서로의 옷을 포개어衣々 덮는 동침에 있다. 즉 남녀가 서로의 옷을 겹쳐서 이불처럼 덮고 동침을 하고, 그 다음날 아침 각자의 옷을 입고 헤어지는 마음을 읊은 노래인 것이다. 아침에 헤어지더라도 서로를 향한 불붙는 듯한 뜨거운 마음이 사그라들지 않는다든지, 서로 너무도 긴 여정 끝에 겨우 맺어진 데에 대한 환희나, 아니면 지금 금방 헤어졌지만 다시금 빨리 만나고 싶은 마음 등을 담아, 신랑의 기분을 한시라도 빨리 신부 쪽에 전달해야 하는 것이다. 이런 기누기누노우타의 예를 한번 음미해보겠다.

> 徽子女御まいりはじめて、あしたに
> おもへども猶あやしきはあふ事なかりしむかしなにおもひけむ
> 御返し
> むかしともいまもいさや　19)おもほえずおぼつかなさは夢にや有らん

> 기시뇨고가 처음 입궐해서, 그 다음날에
> 아무리 아무리 생각해도 이상한 일입니다. 당신과 만나기 전의 나날들은 도대체 무엇을 사랑한다고 생각하며 지냈던 걸까요.
> 뇨고의 답가
> 결혼하기 전인지 그 후인지 구별이 되기도 하고 되지 않기도 하고 잘 모르겠습니다. 꿈은 아니겠지요?

---

19) 한 글자 분량의 공백이 원본에 존재하기 때문에 그대로 따랐다.

이 노래의 증답은 천황과 그의 배우자인 기시뇨고徽子女御 간에 이루어진 것이기 때문에, 천황인 남성이 뇨고인 여성의 집에 방문해서 결혼이 성립된 것은 아니다. 천황의 경우는 대부분 여성이 입궐하는 형태가 되기 때문이다. 하지만 천황도 결혼 첫날 이후에 바로 기누기누노우타를 보낸다는 사실과 노래의 내용으로 판단해보면, 여느 일반 귀족의 기누기누노우타와 그 성질이 전혀 다르지 않다는 것을 알 수 있다.

이 기누기누노우타를 보낸 무라카미천황에게는 이미 부인이 둘이나 있었다. 하지만 당대에 뛰어난 가인이기도 하거니와 이복형제인 시게아키라친왕重明親王의 딸인 기시뇨고를 또다시 부인으로 맞아들인다. 그리고 기누기누노우타로써 노래를 보내기에 이른다. 다른 부인들에게 이 노래가 공개될 일은 만무하지만, 당신을 만나고서야 이제 진짜 사랑을 알았다는 내용이기에 혹시 알게 된다면 몹시도 질투할 만한 내용의 노래를 읊은 것이다.

이러한 남성의 뜨거운 마음에 비해, 여자 측은 남성의 마음을 그대로 솔직담백하게 인정한다든지 기뻐한다든지 하지는 않는다. 그래도 안 그런 척해야 한다는 암암리의 룰 같은 것이 있었기 때문이다. "저는 꿈같기도 하고 잘 모르겠어요."라고 응대해버린다. 대부분의 기누기누노우타의 답가는 이런 식이다. 여자 쪽은 자신의 마음을 숨기고 또 숨기는 것이다. 솔직담백한 노래를 읊기에 유명해진 여성가인도 있기는 하지만, 그러면 바람둥이라는 평판을 늘 달고 다녀야 했다. 여하튼 남성은 정열적인 사랑의 고백이 가능한 것이 와카가 소유한 틀이었다. 남성들은 조금은 애정이 과장되게 넘치는 노래를 신속하게 보내야 했다. 이 기누기누노우타를 기다리는 여성 쪽은 애가 타기 마련이었다. 기누기누노우타가 없다는 것은 남성 측에서 결혼 의사가 없다는 것의 상징이었기 때문이다.

일본의 고전 수필의 정수라고 할 수 있는 마쿠라노소시의 「胸がどきどきするもの(가슴 졸이는 것)」이라는 장단章段에서는 '어젯밤에 왔다 간 남자가 아침에 편지를 늦게 보낼 때, 그게 설령 남의 일일지라도 조마조마하다.[20]'라고 언급했다. 마쿠라노소시의 원문에는 「昨夜来はじめたる人の[21]」라고 되어 있어, '어젯밤부터 결혼이 시작된'이라고 해석해야 하므로, 기누기누노우타가 늦어지는 것에 대해 남의 일이라도 가슴 졸여진다는 작가의 마음이 잘 나타난다. 당시의 여성 측의 정서를 적절히 잘 대변해주는 부분이라 할 수 있다.

이렇게 일련의 기누기누노우타의 증답이 이루어지고 나면, 저녁이 되어 남성은 결혼이 진행 중인 여성의 집에 3일 연속으로 찾아와야 한다. 만약에 결혼을 무효로 하고 싶으면 그만 찾아와도 된다. 이렇게 되면 남성 쪽에만 선택권이 있는 것 같아서 좀 불공평해 보인다. 3일이 꽉 차기 전에 맘에 안 드는 사윗감을 오지 못하게 막았다는 예화는 아직까지 들어보지 못했기 때문에, 남성이 우위에 서 있었던 것은 사실인 듯하다. 이런 사위는 안 된다고 노발대발하면서도 딸의 선택을 지켜보는 예는 있다. 그러니까 이런 경

---

20) 정순분 譯註『마쿠라노소시枕草子』갑인공방 2004. 8
21) 淸少納言 著, 松尾聰·永井和子 訳『枕草子』(『新編日本古典文学全集18』小学館) 1997. 11

우는 결혼식의 과정이 시작되기 전에 부모가 애써 막으면 모를까, 결혼식이 시작되면 여자 측은 속수무책이 되는 것이다. 그런데 사실 남성이 밤에 아무도 몰래 여성의 거처를 3일 밤 찾아온다면, 부모로서도 어쩔 도리가 없다. 이런 사연으로 전혀 안중에도 없던 사위를 맞았다는 웃지 못 할 예도 많이 남아 있다.

이처럼 3일간의 남성의 방문이 무사히 이루어지면, 3일째 되는 날에 비로소 피로연이 행해진다. 다양한 기념행사가 이어지는데, 먼저 부부가 된 신랑신부의 배게 옆에는 떡이 진설된다. 이것을 '삼 일 밤의 떡三日夜の餅'이라고 일컫는다. 그리고는 여성의 집에서 마련한 옷狩衣과 모자烏帽子를 남성에게 선물한다. 이처럼 여성 측

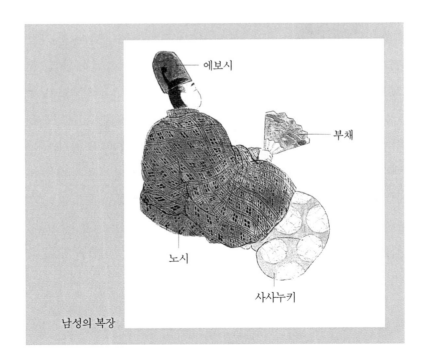

에보시

부채

노시

사사누키

남성의 복장

에서 선물한 의복을 입는다는 것은, 그 집안의 소속이 된다는 의미가 있다. 그 후 연회가 베풀어지고 여성 측의 가족 및 친지가 모이는 대연회가 배설된다. 이러한 것을 도코로아라와시라고 일컫는다. 이 피로연이 끝나면 남성은 사위로서 당당한 지위를 얻게 된다. 이제 밤에만 몰래 왔다 간다든지 하는 가슴 졸이는 일 없이 당당하게 행동하게 된다. 언제든지 드나들 수 있는 자격을 세상으로부터 얻게 되는 것이다.

3 연애지상주의?

헤이안시대의 문학 작품들을 살펴보면, 연애와 결혼의 경계가 얼마나 모호한지, 또한 얼마나 그 핵심 주제로 자리 잡고 있는지에 대해 놀라움을 금치 못하는 면이 존재한다. 당시는 연애의 천재는 문학의 천재이기도 했어야 했다[22]. 그런 모습이 헤이안 귀족 사회의 이상형이었다. 연애도 문학도 인간 정신세계의 자유를 표현하고 있던 시기였다. 만약에 문명이라는 것을 정신적 자유의 절정에 피는 꽃이라고 규정한다면, 이 시대만큼 일본의 문명이 최고조에 달한 시기는 없었다고들 평가한다.

일본인들이 자랑해 마지않는 최고의 고전 문학 작품으로 겐지이야기라는 작품이 있는데, 이것은 이러한 헤이안 귀족 사회의 면모를 반영하여 히카루겐지라는 이상형의 인물을 조형한 것으로 높

---

[22] 中村真一郎 『源氏物語の世界』新潮選書 1990. 3 (P.20) 「恋愛の天才は同時に文学の天才であるべきであった。」

이 평가받는 작품이다. 이 작품의 주인공인 히카루겐지의 연애 생활을 살펴보면, 일평생 몇 번이나 결혼을 하며, 정처正妻의 개념도 불분명하여 때에 따라 바뀌게 되는 것을 알 수 있다. 그리고 그러한 정처의 주변에는 몇 명인가의 첩妾에 해당된다고 보이는 여성들도 있고, 그 외에 순전한 애인관계도 있는 듯이 보인다. 남편이 있는 여성과 관계를 맺더라도, 이것을 재혼이라고 봐야 하는지 간통이라고 봐야 하는지 판단 자체도 애매하다. 또한 부인이 데리고 있는 뇨보와 육체관계를 맺더라도, 에도시대江戶時代 때처럼 그 뇨보들의 신분이 이동하는 예는 없다. 히카루겐지와 관계를 맺은 여성들도, 신분체제를 넘어서서는 질투하지 않는 특이한 양상을 보인다. 자신의 신분질서에 영향을 미칠만한 존재가 아니라면(예를 들면 정처의 자리를 위협받는다든지 하는 경우), 남편의 성생활의 자유로움을 인정하는 피라미드와 같은 엄중한 신분질서가 존재했다. 즉, 우리나라의 장희빈과 같은 여성이 탄생하는 것을 차단하는 사회적 분위기가 있었다는 것이다. 이러한 사회적 분위기는 가공의 세계인 겐지이야기에서뿐만이 아니고, 실제 역사상의 인물에서도 얼마든지 확인이 가능하다.

우다천황宇多天皇 때에 이세伊勢라는 여인은 쥬구온시中宮温子의 뇨보로 입궐해서, 쥬구온시의 형 나카히라仲平와도 연애 관계에 있었고, 그 동생인 도키히라時平의 집요한 구애를 받기도 하지만, 결국 우다천황의 총애를 받아 황자皇子까지 낳게 된다. 하지만 쥬구온시와의 관계는 주인과 봉사하는 시녀의 입장으로 일관하며, 서로 간의 질투는 상상조차 할 수 없다. 두 여인이 연민의 정을 나누

이세의 초상화

는 와카가 얼마나 가슴을 울리는지 모른다. 그리고 이후에는 우다 천황의 황자 아쓰요시친왕敦慶親王과 맺어져 황녀皇女를 낳기도 하니, 현시대의 우리의 감각으로는 여성의 입장에서 바라보더라도 이세라는 여인의 진짜 남편을 누구로 간주해야할지 모호해진다. 헤이안시대에는 이러한 연애 및 결혼 생활을 영위하는 사람이, 비난의 대상이 아니라 인간과 사회에 대한 경험이 풍부한 사람, 마음의 유연성을 지닌 사람으로 존경받아야 할 존재라는 사회통념이 있었다. 당시 귀족들의 최고의 의학서였던 『의심방医心方』에서도,

남성의 건강법으로써 다음多淫을 추천했다는 것도 간과할 수 없을 것이다.

이러한 연애지상주의 사회에서 이세와 같이 수많은 남자들의 구애를 받는 조건은 무엇이었을까 잠시 생각해보도록 하자. 정말 그 당시의 남성들은 외모보다는 교양 내지는 신분을 중시했던 것일까? 앞서 언급한 겐지이야기에는 소위 여성 품평회品定め라고 일컬어지는 일화가 소개된다. 이 일화를 바탕으로 헤이안 귀족 사회

겐지이야기 에마키 그림

의 남성들의 여성관을 엿보도록 하겠다.

히카루겐지의 나이가 17세였을 때의 일이다. 장맛비가 오는 무료한 밤에 궁중宮中에서 숙직을 하고 있는데, 일생의 벗이자 좋은 경쟁자인 도노츄죠頭の中将가 찾아온다. 그는 히카루겐지의 방 문갑을 이리저리 뒤지면서, 연애하는 여성들이랑 주고받은 편지를 보여 달라고 졸랐다. 그래서 히카루겐지는 '꼭 감춰두지 않으면 안 될 고귀한 분의 편지'는 빼고, 대수롭지 않은 것들을 보여주었다. 그랬더니 도노츄죠가 이건 아무개의 편지가 아니냐며 맞추는 것도 있고 못 맞추는 것도 있어서 속으로 재미있다고 생각하면서도 말수를 줄여 되도록 사실을 숨겼다. 이런 상황에서 도노츄죠는 자신의 경험에서 우러나오는 여성에 관한 입장을 피력한다.

이를 요약하자면, 여자 중에 흠이 없는 사람은 없는데 이러저러해도 '재능이 있어야(예능이 뛰어난 사람)' 사람의 마음을 빼앗을 수 있다고 한다. 그리고 그 재능이라는 것이 도와주는 사람들에 의해 단점은 숨겨지고 어지간한 것도 미화된다면 본인을 만나지 못하는 상황에서 안 믿을 수도 없어 난처한 것이 남성의 입장이라고 이야기한다. 이에 대해 히카루겐지는 그만한 재능도 없는 여자가 있을까요? 라고 반문한다. 이에 도노츄죠는 또다시 '신분이 높은 집안에서 태어나면' 사람들이 귀하게 다루어 결점도 남의 눈에 띄지 않게 하는 일이 많아서 저절로 그 모습이 최고인 것처럼 보일 것이고, 중류 집안의 여인의 경우는 여인 각자의 성격이나 품고 있는 생각과 기호 같은 데서 차이가 날 것이고, 하류 집안은 별로 들을 필요도 없다고 규정한다.

이렇게 두 사람이 3등급으로 여인들을 평가하고 있는데, 마침 당대에 연애 잘하기로 소문이 난 풍류인 두 사람(사마노카미左馬の頭, 도시키부노조藤式部の丞)이 찾아와 흥을 더하게 된다. 그리하여 이번에는 원래는 높은 신분으로 태어났지만 몰락한 경우와 평범한 집안에서 당상관까지 출세하여 남부러울 것 없이 지내는 여성의 경우를 비교하는데, 경험이 풍부한 사마노카미는, 성공해서 계급이 상승되었다고 해도 원래 거기에 '걸맞은 가계'가 아니면, 어딘가 역시 부족하더라고 경험을 이야기하면서 그런 여인들은 역시 상, 중, 하의 등급 중에서 중에 해당한다고 주장한다. 그리고는 뒤이어서 지방관에 해당하는 중류계급의 여식 중에서도 꽤 좋은 사람을 찾아낼 수 있는데, '세상의 평판도 괜찮고, 집안도 원래 나쁘지 않으면서, 안락한 생활을 하는 정도'라면 상류계급보다 나은 경우도 있다고 첨언한다. 즉 그에 걸맞게 비용을 충분히 들여 귀하게 키운 딸들이라면, 나무랄 데 없는 성인들로 자란다는 주장이다. 사실 이러한 사마노카미의 견해는 작자인 무라사키시키부의 프라이드가 반영된 것이기도 하다. 무라사키시키부 자신이 중류계급 출신에 품위와 재능을 인정받아 입궐해 뇨보생활을 하고 있는 처지였기 때문이다.

　아무튼, 당시 귀족 남성들이 만족해하는 여성상이라는 것을 수식 어구에 따라 대략 종합해보면 다음과 같다.

　'꼭 감춰두지 않으면 안 될 고귀한 분의 편지'

　'재능이 있어야(예능이 뛰어난 사람)'

　'신분이 높은 집안에서 태어나면'

'걸맞은 가계'

'세상의 평판도 괜찮고, 집안도 원래 나쁘지 않으면서, 안락한 생활을 하는 정도'

위와 같은 묘사어구에서도 엿볼 수 있듯이, 가문의 태생, 소양이 동반된 재능(교양)이 중요하며, 특히 재능을 뒷받침하는 것이 고귀한 가문의 경제력에 있다는 것을 유추해낼 수 있다. 다시 말하자면, 너무 고귀한 신분으로 그에 걸맞은 인격이나 재능이 갖춰지는 것은 당연한 것이며, 이런 부류는 최고의 등급으로 별격에 해당하고, 이에 비슷한 수준으로 만들어질 만한 태생에 배경이 갖추어진다면, 중급보다는 상급에 준한다고 보는 견해가 반영되어 있음을 알 수 있다.

이렇듯 역시 신분과 교양은 외모 이전에 여성을 판단하는 제일의 조건이 되었다. 그러니 매력적인 여성은 만들어지는 것이며, 이를 위해 각 여성들의 후견세력은 가히 놀라울 만한 뒷받침을 하게 되는 것이다. 바로 이러한 역사적인 감각 내지는 문화적 배경을 가지고, 헤이안 귀족 사회를 바라봐야 할 것이다. 이제는 왜 와카가 그리도 중요했는지 조금은 이해가 될 것이다.

2부

궁중에 출사하는 고급 여성 공무원 : 뇨보

헤이안시대의 일반 귀족 여성들은 대부분이 전업주부인 셈이다. 이 전 장에서도 설명했듯이 당대의 여성들은 집안 내에서도 성인이 되면 아버지나 남자 형제들과도 직접 얼굴을 대면할 기회가 적을 정도로 가려지고 숨겨진 생활을 했다. 그리고 결혼 생활에서도 일부다처제와 가요이콘通い婚이 기본을 이루었기에 침전寝殿의 발御簾에 가려져 남편의 방문을 기다리는 것밖에 할 수 없는 입장이었다. 이렇듯 당시의 여성들은 자신 스스로를 사람들에게 자유롭게 내보일 수 없었다. 이른바 세상과는 단절된 깊숙한 방 안에 갇힌 가인深窓の令嬢격인 셈이었다. 이렇듯 얼굴을 보여준다든지 큰 소리를 낸다든지 하는 것이 금기시 되는 것은 9세기에서 10세기 초두에 형성되었다고 보는데, 이와 관련된 당시의 이야기를 전하는 문헌이 있다. 일생에 한 번 있을까 말까 한 행사인 천황의 행차

를 보려고 우차牛車 속의 여인들이 얼굴이 드러나는 것도 잊어버리고, 마차 밖으로 몸을 내밀었다는 상황을 적은 기록이다.

> 車中の女、争いて天顔を瞻る。或は半身を出し、或は露面を忘る。衣の色は簾の外に照り輝き、紛光は、軾間に妖艶なり。(『紀家集』競狩記[23])
> 구경하는 우차 속의 여성들은 앞 다투어 우다宇多천황의 얼굴을 주시했다. 어떤 여성은 몸을 우차 밖으로 반 정도 내밀었고, 어떤 여성은 얼굴이 노출된 것도 잊고 있었다. 여성들이 입은 의상의 화려한 색상은 우차 밖으로 찬란하게 빛났고, 화장한 얼굴은 우차 사이에서 매력적인 아름다움을 발했다.

이 기술을 남긴 것은 기노하세오紀長谷雄이다. 아름답게 치장한 여성들이 이렇게 한꺼번에 얼굴과 모습을 노출하는 것을 목격하는 일은 좀처럼 볼 수 없는 일이었다. 그렇기에 그는 감격스러운 어조로 글을 기술하여 남긴 것이다. 당대의 커다란 행사였던 우다천황의 행차는 898년(쇼타이 원년昌泰元年 10월 20일)에 있었다. 이 행

우차의 행렬

---

23) 한학자, 공경公卿 기노하세오紀長谷雄의 한시문. 성립은 911년경으로 추측됨.

사는 그 이전 해에 젊은 아들 다이고醍醐천황에게 황위를 물려주고, 자유로운 몸이 된 우다천황이 왕권을 과시하기 위해 행한 대단히 화려한 행차였다고 한다.

사정이야 어찌되었건 헤이안시대에는 여성들이 세상 사람들의 이목에 노출되는 것을 터부시하는 사회적 분위기가 압도적이었다. 때문에 헤이안 귀족 여성들의 이미지는 언행이 다소곳하고, 신비에 싸인 그림자와 같은 모습으로 고착되어 있다. 여기에다가 일부 다처제라는 제도권 안에서, 언젠가는 자신을 찾아오지 않게 될지도 모르는 남편을 늘 기다리는 피동적 입장에서, 헤이안시대의 여성은 자신의 박복함을 한탄하며 불안 속에서 눈물짓는 가련한 여성으로 오해받기 쉽다.

그렇지만 이제부터 소개하는 뇨보라는 여성들을 통해 이것이 얼마나 과장되고, 가마쿠라 시대鎌倉時代에서부터 일본의 군국주의 시대에 걸쳐서 곡해되어온 모습인지를 이해하게 될 것이다.

1 미야즈카에宮仕え

헤이안시대의 귀족 사회에서 밖에 나가서 일을 하는 여성이라는 것은, 미야즈카에에 종사하는 여인들을 가리킨다. 미야즈카에라는 것은 궁중宮中에서 봉사를 한다는 의미이다. 즉, 천황이나 황후 같은 귀인들을 모시는 직업을 말한다. 궁궐이나 귀인의 집에 자신 전용의 방房을 가지고, 일반 시녀들과는 달리 전문적인 역할을

뇨보의 정복차림

담당하는 여자들을 말하는 것이다.

　당시에는 귀족들 사이에서 여자아이가 태어나는 것이 참으로 의미가 컸다. 아직도 가부장적인 사회적 분위기 속에서 남아를 선호하는 우리들의 생각으로는 잘 이해가 안 가는 부분일지 모르겠으나, 아마도 천황가에서만 아들을 바랐지 여느 귀족 집안에서는 여아를 더 많이 선호하지 않았나 싶다. 이에 대한 예로 다음과 같은 노래가 남아 있다.

　　まむごの、をうなにてむまれたるをききて
　后がねおししからずはよき国の若き受領の妻がねならし(『為頼集』四〇)
　　　태어난 손아孫兒가 여자아이라는 것을 듣고
　이번에 태어난 손녀는 장래에 황후 후보이든지, 만약 그렇지 않다면 풍요로운 지방의 젊은 지방장관의 부인 후보일 것이다.

이 노래는 겐지이야기源氏物語를 쓴 무라사키시키부紫式部의 백부인 후지와라노 다메요리藤原為賴의 노래인데, 새로 태어난 손녀가 장래에 행복해지기를 바라마지않는 기분이 잘 나타난다. '왕후의 후보'나 '풍요로운 지방의 젊은 지방장관의 부인 후보'라는 여성의 지위가 얼마나 보장된 여성의 행복의 상징이었는지를 우리는 이 와카和歌를 통해 잘 알 수 있다. '왕후의 후보'라는 것은 여성으로서의 최고의 지위를 의미하는 것이므로 두말할 필요도 없다. 즈료受領라는 지방장관은 사실 그 직업만으로도 유복함을 상징하는데, 풍요로운 지방의 젊은 지방장관이랑 결혼한다 함은 일생 경제적으로 유복함을 보장 받을 수 있다는 것과 마찬가지이다. 그리고 '왕후'라는 존재는 궁중에 입궐하여 위계位階가 주어지고 황후직皇后職이나 중궁직中宮職에 있는 공적인 정무를 행하기 때문에 어떤 측면에서는 직업여성의 최고봉이라고 할 수 있으며, '지방장관의 부인'이라는 존재는 윤택한 전업주부의 상징이라고 할 수 있을 것이다.

그러면 다시 뇨보에 관한 이야기로 돌아가 보자. 뇨보들은 평민 출신이 아니라 지방장관 등의 귀족 출신의 여식 중에서도 뛰어난 재능과 교양을 인정받는 사람이 담당하는 관직이었다. 이것만 봐도 그들이 상당한 신분임을 알 수 있다. 예를 들어, 무라사키시키부의 경우는 그녀가 쓴 겐지이야기라는 작품으로 인정을 받아서 궁중에 출사한 것으로 알려졌다.

이러한 뇨보들도 그 신분에 상응하여 죠로上臈, 쥬로中臈, 게로下臈로 나뉘었다. 죠로는 미쿠시게도노御匣殿, 나이시노카미尚侍 및 이위二位, 삼위三位의 나이시노스케典侍를 일컬으며, 이들은 청색과 자

시중을 드는 뇨보의 모습

색의 긴지키禁色[24]의 착용이 허용되었고, 천황 등에게 식사를 올릴 수 있는 권한이 부여되었다. 즉, 천황 등의 귀인을 가장 가까이에서 모실伺候 수 있는 신분의 뇨보인 것이다.

미쿠시게도노는 원래 천황이 입는 의복의 재봉이나, 입욕과 세발의 봉사에 관련된 부서의 명칭이었으나, 점점 미쿠시게도노의 장長이나 별당別當인 사람을 가리키는 말로 바뀌었다. 그리고 이런 사람 중에서 천황의 배우자(뇨고女御, 쥬구中宮)가 되는 예들이 생겨난다. 그러니 우리나라의 상궁 정도로 생각해서는 안 된다. 신분이 대단히 높은 집의 딸들이 이 미쿠시게도노의 장長이나 별당別當을 담당하기 때문이다. 일예로, 간파쿠關白[25] 후지와라가네이에藤原兼家의 딸 도코超子의 경우는 미쿠시게도노의 별당別當이었다가 천황의 부인인 뇨고가 되었다. 이 여자가 바로 장차 산죠三条천황의 어머니가 되는 사람이다.

다음으로 나이시노카미에 대해 살펴보겠다. 나이시노카미는 원래 후궁의 12관청役所인 '고큐쥬니시後宮十二司' 중에서도 천황의 옆에서 그 말을 전달하는 등 비서의 역할을 하는 '나이시노츠카사内侍司'라고 하는 관청의 최고의 지위에 있는 뇨보를 일컫는 말이었다. 그러나 세이쇼나곤清少納言이 집필한 수필집 마쿠라노소시枕草子의 되고 싶은 여자 관직이라는 장단章段에는 나이시노카미가 빠져 있다.

---

[24] 천황이나 황족의 의상 빛깔을 신하들이 사용하는 것을 금하는 것.

[25] 헤이안시대 이후 천황을 보좌하던 최고위의 대신大臣.

女は内侍のすけ、内侍。（一七一段）
여자의 관직은 나이시노스케, 나이시内侍

　이렇게 되어 있다. 위에 서술된 관직은 한시문이나 와카에 대한 학식이 필요한 관직이어서 뇨보 중에서도 학재가 있는 사람만이 임명되었으므로, 가장 동경의 대상이 되었으며 그만큼 인기가 있는 관직이었다. 그런데 정작 '나이시노츠카사'의 최고위직인 나이시노카미를 세이쇼나곤이 빠뜨린 데는 그 나름대로의 의미가 있다. 그것은 바로 나이시노카미가 천황의 배우자가 되는 경우가 많았기 때문이다. 즉, 나이시노카미가 점차 천황의 부인의 서열에 들어가게 되므로, 본래의 공무원으로서의 역할은 이등관인 나이시노스케가 대신하게 되었던 것이다.
　이와 같이, 죠로라는 뇨보의 계급은 지위가 높은 특별한 존재였던 것을 알 수 있다. 『무라사키시키부일기紫式部日記』에는 다음과 같은 기술이 보인다.

御簾の中を見まわすと、禁色をゆるされている女房たちは、いつものように青色や赤色の唐衣に、……
발御簾 안을 둘러보니, 긴지키를 허가받은 뇨보들은 언제나처럼 청색이나 적색의 가라기누唐衣에다가……

　무라사키시키부도, 세이쇼나곤도 쥬로 등급의 뇨보로 알려져 있는데, 위의 글을 보면 무라사키시키부는 부러움의 눈으로 죠로 등급 뇨보의 의상을 묘사한다. 가라기누란, 상반신이 짧은 재킷라

고 보면 되는데 앞쪽의 길이
가 뒷 기장보다 길다. 이 가
라기누는 나중에 염색을 하
는 것이 아니라, 날실 씨실
의 짜임새로 무늬를 짜 넣는
호화로운 방법을 사용하여
만든다. 게다가 씨실 날실

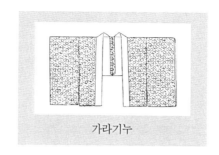

가라기누

의 색깔을 달리하기 때문에, 멀리서 보는 정도나 빛의 정도에 따라
다른 색으로 보이는 아주 화려한 의상이었다고 한다.

한편 쥬로는 나이시, 천황을 가까이에서 섬기는 신하侍臣의 딸
이하, 5품 이상의 양가의 딸, 의학이나 음양도 집안의 딸 등으로,
대부분의 뇨보가 여기에 속한다. 그리고 이 외에 묘부命婦라고 칭
해지는 뇨보는 모두 쥬로에 속한다고 보면 된다. 마지막으로 나이
시와 묘부의 밑에서 잡일에 종사하는 뇨쿠로도女蔵人들이 게로의
레벨에 들어간다.

이처럼 구성된 뇨보들이, 여성으로서 최고의 지위인 천황의 배
우자를 정점으로 하여 후궁을 화려한 문예활동이 개화하는 살롱으
로 만들어나가게 되는 것이다. 다수의 천황의 배우자들은 어떻게
해서든지 천황의 애정을 얻어내지 않으면 안 되었고, 이를 위해서
는 최고의 지식과 교양이 필요했으므로 실력 있는 뇨보들을 앞 다
투어 영입했다. 앞서 언급한 바 있는 무라사키시키부와 세이쇼나
곤도 각각 라이벌 관계에 있는 주군主君을 섬겼던 것으로 유명하
다.

무라사키시키부의 집필 모습

무라사키시키부는 당시로서는 늦은 나이에(27~28세) 후지와라노 노부타카藤原宣孝라는 지방장관과 결혼했다. 그러나 남편의 죽음으로 2년 반 정도의 결혼 생활도 끝나버린다. 겐시賢子라는 딸 하나를 데리고 쓸쓸한 나날을 보내는 중에, 겐지이야기라는 작품을 쓴 것이 후지와라노 미치나가藤原道長의 눈에 들어, 그의 딸인 쥬구쇼시彰子를 곁에서 보필하는 뇨보로 출사하게 된다. 무라사키시키부는 그의 일기에서 다음과 같이 적었다.

憂き世のなぐさめには、かかる御前をこそたづねまゐるべかりけれと、うつし心をばひきたがへ、たとしへなくよろづ忘らるるも、かつはあやし。
괴로운 일이 많은 이 세상살이에서 위로를 얻기 위해서는, 이런 분을 찾아서라도 옆에서 섬겨야 하는 것이었구나 라고, 보통 때의 침울한 기분과는 완전히 달라져 어디에 비할 바 없이 갖가지 시름이 잊혀지는 것도, 생각해보면 불가사의하다.

이는 미야즈카에에 대한 감상을 이야기한 것이다. 여러 가지 괴로운 일이나 시름조차 잊게 하는 미야즈카에, 여기에서 자신이 섬기는 쇼시를 신뢰하여 삶의 보람을 찾아낸 무라사키시키부의 심정을 읽을 수 있다. 무라사키시키부의 일기를 통해서 단순한 주군에 대한 신뢰와 존경을 넘어선, 마음에서 마음으로 연결된 관계였다는 것을 감동적으로 읽어낼 수 있다. 이 일기 자체를 주가찬미主家賛美의 작품으로 평가하여 해석한다면, 표면적으로 주가主家와 주군을 칭찬하는 것으로 일축될 것이다. 하지만 현대 우리와 같은 세대를 살았던 뇨보 출신자들의 글[26]을 읽어보아도 동일한 신뢰관계를 읽어낼 수 있다는 것은, 제3자의 시각으로는 알 수 없는 주군과 뇨보 사이의 관계에 대해서 시사하는 바가 크다고 할 수 있겠다.

세이쇼나곤의 경우도 마찬가지인데, 뇨보로서 상당한 프라이드를 가졌음을 수필집 마쿠라노소시를 통해서 엿볼 수 있다.

> 生ひさきなく、まめやかに、えせざいはひなど見てゐたらむ人は、いぶせくあなづらはしく思ひやられて、なほ、さりぬべからむ人のむすめなどは、さしまじらはせ、世のありさまを見せならはさまほしう、内侍のすけなどにてしばしもあらせばやとこそおぼゆれ。
>
> 앞날에 아무런 희망도 없이 오로지 남편만을 바라보며 가정을 지키는 것을 행복으로 꿈꾸는 사람은, 적어도 내가 보기에는 한심하기 짝이 없다. 웬만한 신분이 있는 딸이라면 역시 뇨보로 입궐하여 이 세상이 얼마나 넓은지 봐야 하고, 만약 될 수만 있다면 나이시노스케 자리까지 오르도록 해야 한다.

[26] 岩佐美代子 著『宮廷に生きる』笠間書院 1997. 6

이 기술의 내용을 보면, 과연 이혼하고 나서 출사하여 비로소 본인의 인생의 의미를 찾은 세이쇼나곤이 할 법한 이야기구나 하고 수긍이 간다. 세이쇼나곤의 가문도 가인으로 유명한 집안이었기 때문에, 그에 걸맞고 그 재능을 인정받는 자리에서 일할 수 있는 것이 그녀의 자긍심으로 표출되었다고 느껴지는 부분이다.

2 뇨보들의 평판과 성애

남녀관계에서의 평판과 연애

훌륭한 귀인과 신뢰관계를 형성하며 섬기고, 본인의 재능을 인정받고 발휘할 수 있는 직업여성이라는 높은 자긍심을 가진 뇨보들은, 본인들이 양가良家의 규수들과는 구별된다는 구별 의식을 가졌던 듯이 보인다. 무라사키시키부일기에서 겐시키부源式部라는 뇨보에 대해 어딘가 양갓집 딸이라는 생각이 들게 하는 모습이 있다고 묘사한 것이라든지, 전체적으로 소극적이고 삼가는 분위기의 쇼시의 살롱에 대해서 다소 어린애 같은 양가의 규수들이 모여 있다고 평한 부분 등이 그러한 예이다. 물론 '양가의 규수'라는 말 자체를 칭찬하는 말처럼 사용하고는 있으나, '밖에 나가서 일하는 여성'과는 대조적으로 조금은 태연하거나 여유를 갖는 태도를 가지는 것을 지적한 것을 보면, 재빠르고 능숙하게 일해야 하는 프로라면, '양가의 규수'로 있을 수는 없다는 구별 의식을 지니고 있었다고 여겨진다.

이러한 구별 의식이 확연히 드러나는 입장의 차이가 있는데, 그것은 타인에게 얼굴이 드러나는 입장이냐 그렇지 않은 입장이냐 하는 점이다. 앞서 설명했듯이, 주로 실내에 있어야만 하는 귀인의 딸들은 남성 앞에서 얼굴을 보여서는 안 되었다. 그러나 '일하는 여성'의 입장에서 얼굴을 드러내지 않고 일하기란 여간해서는 하기 힘든 일일 것이다. 물론 여러 가지 수단을 동원하여, 예를 들면 부채로 얼굴을 가린다든지, 긴 머리카락으로 가린다든지 하는 나름대로의 노력은 했다.

이러한 특수한 입장임을 인식하고 있음에도 불구하고, 얼굴이 드러나는 일로 자신들을 비난하는 목소리를 들을 때는 매우 민감한 반응을 보인다. 『마쿠라노소시』 제21단을 보자.

宮仕へする人を、あはあはしうわるき事に言ひ思ひたる男などこそ、いとにくけれ。げに、そもまたさる事ぞかし。かけまくもかしこき御前をはじ

부채로 얼굴을 가리는 모습

めたてまつりて、上達部、殿上人、五位、四位はさらにもいはず、みぬ人はすくなくこそあらめ。女房の従者、その里より来る者、長女、御厨人の従者、たびしかはらといふまで、いつかはそれを恥ぢ隠れたりし。

궁중에 출사하는 여자를 닳고 닳았다고 비난하는 남자는 정말이지 밉살스럽기 그지없다. 하지만 한편으로 생각하면 그것도 그럴만한 이유가 없지는 않다. 일단 뇨보가 되면 입에 올리기조차 황공한 천황을 비롯해 고위 대신이나 당상관, 5위, 4위 할 것 없이 면전에서 뇨보를 보지 않는 사람은 없다. 뇨보의 시종이나 본가 사람, 시녀, 몸종, 결국에는 아주 하찮은 사람들까지. 그러나 그런 사람들에게 부끄럽다고 궁중에 출사한 사람이 언제 숨어 몸을 감춘 적이 있는가 말이다.

사람들의 시선에 노출되는 것을 가지고 악담하는 남자들을 비난하면서도, 그런 악평이 무서워서 일을 못하는 것은 있을 수 없는 일이라고 뇨보로서의 자신의 마음을 다잡고 있는 것을 볼 수 있다.

사실상 남성들의 비난에도 그럴만한 이유가 있다고 세이쇼나곤이 인정하고 있듯이, 일반적으로 이 시대에 궁정에서 일하는 여성들이 연애의 자유를 마음껏 누리고 있었던 것은 의심할 여지가 없는 사실이다. 뇨보 생활 중에 연애하고, 임신하고, 그리고 태어난 아이가 그 엄마의 근무처인 후궁 내에서 자라고, 장성한 후에는 그녀도 뇨보가 되었다는 예도 적지 않다. 이러한 예의 대표격이 이즈미시키부和泉式部라는 여성이다. 문학적 천재이기도 했던 이즈미시키부는 당시의 수도를 떠들썩하게 할 정도의 노는 여자浮かれ女라는 평가를 받았다.

무라카미 신이치로村上真一郎 씨의 설명에 의하면, '당시의 귀족들은 시녀나 유모를 고용할 경우, 그 충성을 보장 받기 위해 성적인 교섭을 행했을 것으로 판단된다. 그러나 그러한 교섭이 있을 때마다 남성의 입장에서 연애감정을 일으켰다고 보기는 어렵다. 오히려 일종의 계약적 습관으로써 이해하는 편이 실정에 가까울 것이다.'27)라고 한다. 귀인에게 고용된 뇨보들은 적어도 계약적인 성관계를 했을 것이라고, 헤이안 귀족 사회의 성애에 관해 지적했다. 그러니 결과적으로 닳고 닳았다는 평판이 따라다니는 입장이 될 수밖에 없었던 것이다.

그런데 그중에 드물게도 무라사키시키부는 이제까지 성적性的으로 아주 정숙했던 뇨보라고 평가되어온 인물이다. 이러한 무라사키시키부의 정숙함의 이미지는 에도시대의 유학자들에 의해서 한층 견고해진 것이지만, 그 발단은 주가主家의 우두머리이자 당대의 최고 정치 권력자인 미치나가道長의 구애를 용감히 뿌리쳤다는 기술이 무라사키시키부일기에 남아 있기 때문이다. 에도시대의 유학자들은 이를 칭찬해 마지않았다. 동시대의 뇨보들이 성적으로 방종한 데 비해, 정조관념을 가졌던 무라사키시키부는 그것이 원동력이 되어 대 걸작인 겐지이야기를 쓸 수 있었다고 평가할 정도였다.

그러나 이러한 평가는 현대에 와서 많이 변화되었다. 첫째는, 무라사키시키부일기 안의 미치나가의 구애를 거절한 것에 관한 기술 이후에 약 6개월간의 기사가 탈락되어 있는 것에서, 의도적으로 삭제되었을 가능성을 타진했다. 둘째로는 미치나가가 자기 자신이나 부인 쪽에 어떤 연고가 있는 여성을 여러 명 후궁 내의 요

---

27) 村上真一郎『日本古典に見る性と愛』水声社 2006. 6(p.76)

소요소에 배치하여 정보원으로 활동시켰으며 그 여성들이 대부분 미치나가의 애인情人이었던 점으로 보아, 정보원 중 한 명이었던 무라사키시키부 혼자서 예외적으로 미치나가와 성적관계를 맺지 않았을 가능성이 높지 않다는 현대 학자들의 의견이 제시되었기 때문이다. 그리고 당시의 『공경보임公卿補任28)』에는 무라사키시키부에 대해서 '미치나가의 첩道長妾'이라고 기술되었다. 이러한 이유를 근거로 현대에 와서는, 무라사키시키부와 미치나가 간의 남녀관계를 인정하는 쪽으로 분위기가 기울어졌다. 무라사키시키부 일기 속의 일부 사라진 부분은 미치나가의 구애에 끝내는 굴복하는 무라사키시키부의 모습이 그려졌을 거라는 것이다. 겐지이야기를 영역英譯한 웨일리(Arthur David Waley)도 재미있는 이야기를 했다. '내가 알고 있는 여성 중에서, 다른 사람이 묻지도 않았는데 난 어떤 사람과는 관계없는 타인이라고 말을 퍼트리는 사람은, 예외 없이 사실은 말하는 것과 반대였다. 무라사키시키부도 마찬가지일 것이다.'

이번에는 뇨보들이 어느 정도로 연애 생활을 즐겼는지, 두 사람을 예로 들어보겠다. 먼저 노는 여자라는 평판을 달고 다녔던 이즈미시키부의 경우이다.

가인으로서 칙찬집勅撰集이나 시카슈私家集에 많은 노래를 남긴 이즈미시키부는, 레이제인冷泉院의 황후皇后 쇼시공주昌子内親王의 판관을 지낸 오에 마사무네大江雅致를 아버지로, 같은 주군의 유모

---

28) 일본 조정의 역대 공공인 대신大臣과, 경卿인 3위 이상의 조관朝官들의 이름을 관직 순으로 열거한 기록.

였던 스케노나이시介內侍를 엄마로 하여 태어났다. 그래서 소녀 시절부터 쇼시공주에게 출사했다는 학설도 있다.

이즈미시키부라는 호칭으로 불리게 된 것은 다치바나노 미치사다橘道貞와 결혼하게 되었기 때문인데, 다치바나노 미치사다가 이즈미和泉 지방의 지방장관으로 부임했고 그와 동행하여 이즈미 지방에 내려간 적이 있기 때문에 생긴 호칭이다. 그녀는 남편의 부임 기간인 약 5년 동안에 이미 레이제인의 제3황자인 다메타카친왕為尊親王과도 연애관계에 있었다. 그 연애기간은 1년 정도의 짧은 시간으로 막을 내린다. 다메타카친왕이 병에 걸려 단명했기 때문이다.『에가모노가타리栄花物語』에서는 역병이 유행할 때 이즈미시키부를 만나러 밤에 돌아다닌 탓에 병에 걸렸다고 신랄하게 꼬집었다. 병의 원인에 대해서야 다 믿기는 어렵지만, 주위 사람들의 시선이 곱지 않았다는 것은 알 수 있다. 그렇다고 불륜이라고 일축할 수도 없다. 다메타카친왕과의 연애 사건 이후에 이즈미시키부의 남편인 다치바나노 미치사다는 다시 다른 임지로 발령을 받아 떠나는데, 이즈미시키부가 아닌 다른 부인과 자식을 데리고 떠난다. 이즈미시키부 또한 다메타카친왕의 동생인 아쓰미치친왕敦道親王과 사랑에 빠지게 된다. 여기에서 이혼이나 불륜이라고 하는 기준이 당시에는 상당히 모호했다는 것을 읽어낼 수 있다. 서로 다른 사랑을 찾아 자연스럽게 부부의 관계가 끊어지는데, 다음의 노래를 보면 남편과 헤어진 원인이 이즈미시키부에게 있지 않고 전 남편에게 있음을 추측케 한다. 과거의 남편이 다른 임지로 가는 걸 어떻게 생각하느냐는 주위 사람의 질문에 이즈미시키부가 와카로

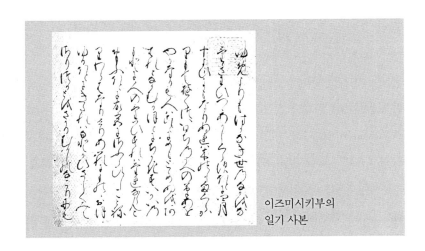

이즈미시키부의
일기 사본

대답한 것이다.

　去りたる男の遠き国へ行くを、いかが聞くといふ人に
別れても同じ都にありしかばいとこのたびの心地やはせし(一八四・八四
九[29])
　(나에게서) 떠나버린 남자가 먼 나라로 가는 것을 어떻게 생각하느냐고 묻는
　사람에게
헤어져도 같은 수도에 있었기 때문에 이번 같은 (아주 떠나버린다는 허전한) 마
음은 들지 않았어요.

　이 노래만으로는 이즈미시키부가 전남편에 대한 미련이 남아
괴로워하는 것은 아닌가 하고 오해하기 쉬운데, 『이즈미시키부일
기和泉式部日記』의 기사를 사실로 믿는다면 아쓰미치친왕과 연애 관

---

29) 『和泉式部集・和泉式部続集』(清水文雄 校注 岩波文庫 1992. 11)의 노래 번호, 이하
　같음.

계에 있었던 것은 다치바나노 미치사다가 이즈미 지방의 지방장관의 임직을 끝내고 수도에 돌아왔을 때부터였다는 것을 알 수 있다. 또 친분이 있었던 아카조메에몬赤染衛門이라는 뇨보와 주고받은 다음 노래를 보면, 전남편에 대한 미련을 넘어서는 그 무엇인가를 이미 이즈미시키부가 갖고 있었던 듯이 보인다.

道貞去りてのち、帥の宮に參りぬと聞きて　　赤染衛門
うつろはでしばし信田の森を見よかへりもぞする葛のうら風(三六五)
　　返し
秋風はすごく吹くとも葛の葉のうらみ顔には見えじとぞ思ふ(三六六)
　　미치사다와 헤어진 후에, 아쓰미치친왕(의 거처에) 들었다고 듣고서
마음 변치 말고, 당분간 이즈미 지방의 시노다의 숲(미치사다)을 지켜보세요. 칡 잎사귀가 바람에 나부끼어 뒤집히듯이, 그 사람도 돌아올지 모르잖아요.
　　답가
(칡 잎사귀를 뒤집듯이 변심하게 하는) 가을바람이 너무 강하게 불어서 나에게서 떠나간 그 사람이지만, 그 사람을 원망하는 얼굴은 하지 않겠어요.

이러한 사연 속에서 맺어진 아쓰미치친왕과 이즈미시키부는 아주 긴밀한 사이가 되어, 결국 이즈미시키부가 아쓰미치친왕의 저택에 들어가 살게 된다. 부인의 자리를 차지한 것은 아니고 어디까지나 시중을 드는 시첩侍妾과 같은 입장이었지만, 아쓰미치친왕의 비妃는 결국 자신의 친정으로 돌아가 버리고, 둘 사이에는 남자아이도 태어난 듯이 보인다. 이 두 사람의 관계는 세상 사람들의 이목을 끌기에 충분했는데, 두 사람이 하나의 우차牛車를 타고 가모제賀茂祭를 구경나갔을 때는, 사람들이 가모제의 행렬보다도 이 두

사람이 탄 우차牛車를 구경하려고 애썼다는 기록도 남아 있다. 그러나 이 둘의 연애 기간도 약 4년 반 만에 종지부를 찍게 된다. 아쓰미치친왕이 27세라는 젊은 나이에 죽기 때문이다. 이후에 이즈미시키부는 아쓰미치친왕의 저택을 나와 친정에 돌아가 아쓰미치친왕을 추모하며 그리워하며 지내게 된다. 그녀는 아쓰미치친왕의 죽음을 애도하는 노래를 122수나 남겼다. 그중에서도 절창이라고 평가받고 있는 노래를 하나 소개하겠다.

敦道親王におくれてよみ侍ける　　　　　　　　　和泉式部(五七三[30])
今はただそよそのことと思ひ出でて忘る許の憂きこともがな
　　　아쓰미치친왕의 죽음 후에 읊은 노래
지금은 단지 「그래, 맞아요.」라고 (할 수 있는) 싫었던 추억이라도 떠올려서 차라리 죽은 아쓰미치친왕을 잊어버릴 만한 추억거리가 필요합니다.
　　　同じころ、尼にならむと思てよみ侍ける(五七四)
捨てはてむと思さへこそかなしけれ君になれにし我身と思へば
　　　같은 시기 쯤 출가해야겠다고 생각하고 읊은 노래
출가해서 이 세상을 버려야겠다고 생각하는 것까지 슬픈 일이구나. 아쓰미치친왕에게 너무 익숙해져버린 이 내 몸이라고 생각하니.

이후 아쓰미치친왕의 죽음에 대한 탈상 기간이 끝나고 나서, 이즈미시키부는 자신에게 노는 여자라는 별명을 달아준 미치나가의 딸 황후 쇼시의 뇨보로 궁중에 출사하게 된다. 우리들의 가치 기준이라면 미치나가의 이러한 인사人事에 의문을 품을지 모른다. 세상을 떠들썩하게 만든 연애 편력가를 자신의 딸의 보좌관으로 임용

---

30) 新日本古典文学大系『後拾遺和歌集』(岩波書店 1994. 4)의 노래 번호. 이하 같음.

한다는 사실을 말이다. 이를 통해 당시는 정말이지 믿기 힘들지만 이런 연애 생활의 풍류가 사회적으로 인정받는 미덕이었다는 것을 알 수 있다. 여자 남자 할 것 없이 이런 매력이 있는 사람이 인정을 받았기에, 남성 풍류인의 대표격인 겐지이야기의 히카루겐지光源氏라는 주인공도 생겨난 것이다. 호적상에는 일부일처제인 것처럼 정해져 있지만, 사실상 가요이콘이란 형태가 사회 전반을 지배하고 있어서 남편이 찾아주지 않으면 여성도 얼마든지 다른 남성과 남녀관계를 맺을 수 있었다. 이야기를 다시 되돌리면, 황후 쇼시의 곁에 출사했던 이즈미시키부는 결국에 미치나가의 가신家司이었던 후지와라노 야스마사藤原保昌와 결혼하여 남편의 부임지인 단고丹後로 같이 내려간다. 약 50세를 전후로 하여 미치나가의 죽음을 애도하는 49일제에 남편 대신 소식을 전한 것을 마지막으로, 이 이후의 이즈미시키부에 관한 기록은 찾아볼 수 없다.

이즈미시키부 한 사람만으로는 자유로운 연애 생활에 대해서 특이한 예로 생각할 우려가 있으니 이세伊勢라는 인물을 또 다른 예로 살펴보겠다. 이세는 이즈미시키부보다 좀 더 앞 세대의 사람이다. 1027년에 이즈미시키부가 약 50세였을 것으로 추정되는데, 이세는 939년쯤 세상을 떠난 것으로 추정된다. 역시 가인으로 유명한 선배 뇨보인 셈인데, 가인으로 유명한 정도가 아니라 후대에 노래의 성인이라고까지 평가되는 실력가이다. 그리고 일생에 걸친 연애에 있어서도 이즈미시키부 버금가는 인물이다.

이세는 우다, 다이고, 스자쿠朱雀 3대에 걸친 천황의 시대에 살았던 여성으로 미모가 아주 뛰어났다. 이세라는 명칭이 지어진 것은 이세 지방의 지방장관이었던 아버지 후지와라노 쓰기카게藤原継陰의 딸로 태어났기 때문이다.

이세는, 처음에는 우다천황의 궁정에 출사하여 황후 온시温子를 섬겼다. 다들 예상할 수 있을 텐데, 와카에 출중하고 미모가 빼어난 여성을 궁정의 남자들이 가만히 놔둘 리가 없었다. 남성들의 이목이 집중되는 가운데 이세의 첫 번째 남성이 된 것은 황후 온시의 남동생인 후지와라노 나카히라藤原仲平였다. 그는 나중에 좌대신에까지 오르는 대단한 신분의 귀공자이다. 그러나 이세의 부모가 '젊은 사람이란 언제 마음이 변할지 몰라(若き人は頼み難き物ぞ)'라고 우려했듯이, 이세의 나이 17, 8세쯤에 이 사랑의 관계는 끊어져버린다. 나카히라가 신분이 높은 다른 여성과 맺어진 것이다. 첫사랑이었던 만큼 이세의 충격은 대단했다. 그래서 그녀는 다음과 같은 노래를 남기고 궁궐을 떠나 친정으로 돌아가 버린다.

ひとのつらくなるころ(一五五[31])
人しれず絶えなましかばわびつつもなき名ぞとだにいふべき物を
　　나카히라(仲平)가 냉담해졌을 때
둘의 사이가 사람들에게 알려지지 않았을 때 조용히 끝났다면, 슬퍼하면서도 '연애 사실은 없었습니다.'라고, 변명할 수 있었을 텐데…….

나카히라도 이세를 쉽게 잊지 못하고, 그녀의 친정에 찾아가본다든지, 친정아버지를 따라 야마토大和 지방으로 내려간 이세를 쫓아간다든지 하는 모습을 보인다. 하지만 결국 이세는 다음과 같은

---

[31] 新日本古典文学大系『平安私家集』(岩波書店 1994. 12)의 노래 번호.

노래를 최후의 통첩과 같이 읊으면서 나카히라를 받아들이지 않고
수도로 돌려보낸다.

わたつみとたのめし事もあせぬれば我ぞ我が身のうらは怨むる(六一八)
큰 바다처럼 깊은 애정이라고 의지하고 있었습니다만, 빛바래듯이 옅은 마음이었
기에, 단지 나의 일신의 불행을 원망할 뿐입니다.

이세는 자신의 마음을 달래기 위해 친정에 머무르며 야마토 지
방의 사찰들을 순회하면서 시간을 보내다가, 전에 섬겼던 황후 온
시의 재촉으로 다시 입궐하게 된다. 그러나 입궐하자마자 나카히
라의 형인 도키히라時平의 끈덕진 구애에 시달리게 되고, 결국에는
도키히라와도 맺어지게 된다. 둘 사이에 주고받은 노래로는 다음
의 와카가 남아 있다.

女につかはしける   贈太政大臣
ひたすらに厭ひ果てぬる物ならば吉野の山に行方知られじ
    返し   伊勢
我が宿とたのむ吉野に君し入らば同じかざしを挿しこそはせめ
    이세에게 보낸 노래
한결같이 나를 싫어하시니 (당신이 있는 이) 수도에 있어도 소용이 없군요. 고달
픈 세상에서 숨을 곳이라고들 말하는 요시노에 가서 행방을 감추겠어요.
    답가
제가 세상을 등지고 숨어버리려고 했던 요시노에 당신이 들어가시면 같이 살게
되는 것이겠죠.

노래의 내용으로 보아 이세는 도키히라의 구애를 수차례 거절했던 모양이다. 그러나 마치 요즈음의 젊은이들이 나랑 결혼 안 해주면 죽어버리겠다고 하는 것처럼 거의 협박조로 사라져버리겠다고 하니, 결국 이세도 의지를 꺾어 도키히라를 받아들인다. 하지만 이 관계도 길게 지속되지 않는다. 이 당시에는 이렇듯 신분이 높은 귀공자들은 자신의 신분에 어울리지 않는 대상에게 집착하지 않고, 일종의 풍류로 연애를 했다. 또다시 상처를 받은 이세였지만, 불행 중 다행인지 우다천황의 총寵을 얻게 된다. 천황과의 사이에 유키히라行平라는 황자도 얻게 된다. 그러나 그녀의 신분이 변하거나 하는 것은 아니다. 유키히라는 가쓰라노미야桂の宮라는 곳에서 길러지고, 이세는 여전히 온시를 곁에서 섬긴다. 이 시대의 뇨보와 주군의 관계가 얼마나 견고한 것인지 실감할 수 있을 것이다.

이세와 온시는 참으로 사이가 좋았던 것으로 추측된다. 자신의 형제와 연애관계에 있었고, 심지어는 남편인 우다천황의 소실이 된 이세를 온시는 끝까지 옆에 두고 신임하기 때문이다. 기품 있고 그윽한 온시의 인격과, 그 온정에 감복하는 두 사람의 증답가贈答歌를 음미해보겠다.

　　これかれ、とかくいへど、聞かで、宮仕えをのみしけるほどに、時
　　のみかど、めしつかい給ひけり。よくぞまめやかなりけるとおもふ
　　に、をとこ宮生まれ給ひぬ。親なども、いみじうよろこびけり。つ
　　かうまつるみやすどころも、后にゐたまひぬ。宮を、桂といふ所
　　に、おきたてまつりて、みづから后の宮にさぶらふ。
　　雨の降る日、うちながめて、思ひやりたるを、宮、御覧じておほせ

らる

月のうちに桂の人をおもふとや雨に波だの添るてふるらん

御かへし

ひさかたの中に生いたる里なれば光をのみぞたのむべらなる

이 남자 저 남자 이렇게 저렇게 구애를 하지만 듣지 않고, 궁중의 일에만 전념하고 있을 때에, 우다천황이 불러들여 모시게 했다. 다른 남자들의 구애에 넘어가지 않고, 용케도 섬기는 일에만 전념하는구나 하고 생각했는데, 이세에게서 천황의 황자가 태어났다. 이세의 부모는 몹시도 기뻐했다. 섬기고 있는 온시도 황후가 되었다. 황자를 가쓰라桂의 저택에 두고, 스스로 황후를 섬겼다.

비가 오는 날, 이세가 황자를 생각하며 비를 바라보고 있는 것을 본 황후 온시가 이세에게 내리신 노래

달 속에 피어 있다는 계수나무, 그 계수나무에 살고 있는 황자를 그리워하는 마음에 하늘에서 비도, 당신의 눈물도 흐르는 것이겠죠.

답가

달 속에 피어 있는 계수나무라는 곳이기 때문에, 거기서 자라는 황자는 황후님의 자애만을 의지하고 있는 겁니다.

황자를 떼어놓고 자신을 섬기는 이세의 심정을 헤아려서 이 비는 황자를 그리워하는 당신의 눈물이라고 온시가 위로하자, 다만 주군의 자애를 의지할 뿐이라고 겸손히 머리를 조아리는 이세의 태도를 엿볼 수 있다. 정말 신분을 넘어서, 한 사람의 여성으로서 전혀 경쟁의식 내지는 질투가 없었던 것인지 현대를 사는 우리들로서는 의문이 들기도 할 것이다. 하지만 이러한 와카가 증거로 남아 있는 한 그들의 관대함을 인정할 수밖에는 없을 것이다. 이러한 관계 속에 황자도 잘 자라주었으면 좋았을 텐데, 황자는 어려서 세

상을 떠나고 만다. 그리고는 우다천황도 천황의 자리에서 물러난다. 이후 이세는 황후 온시의 딸인 긴시내친왕均市內親王을 섬기게 된다. 아마도 온시에 대한 충성심의 연장이라고 보인다. 이 긴시내친왕은 아쓰요시친왕敦慶親王의 부인이기도 한데, 긴시내친왕과 아쓰요시친왕은 배다른 형제로 황실 내에서 맺어진 부부였다. 아쓰요시친왕이 워낙 미남이어서 그 외에도 기라성 같은 부인을 많이 거느리고 있었다. 결국 이세도 아쓰요시친왕과 관계를 맺게 되어 여류가인女流歌人으로 유명한 나카쓰카사中務라는 딸을 얻게 된다.

이상 두 사람의 뇨보의 연애 내지는 결혼 관계를 중심으로 일생을 간략하게 살펴보았다. 이들처럼 소문이 나고 걸출한 인물들과 교섭이 있었던 것은 아닐지라도, 대부분의 다른 뇨보들의 남녀관계도 이들과 별로 다르지 않았을 것이라고 짐작이 간다. 어쩌면 자유분방하고, 주어진 여건 속에서 인생을 그때그때 의미 있게 살아가는 그녀들의 모습이 오히려 당당하게 느껴질 지도 모른다. 이 두 여인이 남긴 와카 속에는 이러한 인생에 대한 진솔한 감정 표현과 더불어 자신들의 경험을 소화해내고 그 모티브를 예술적으로 승화시킨 창작자로서의 엄격한 자세도 잘 나타나 있다. 이세의 경우는 노래를 읊을 때 자신의 감정의 굴절을 아주 깊이 가라앉히려고 했고, 그러한 자의식은 오히려 정신적인, 육체적인 만족감을 나타내는 증거라고 평가되었다.

직장에서의 동료 사이의 평판

수많은 여성들이 일하고 있는 직장인데다가, 여성들 하나하나가 높은 자부심을 가지고 일하는 곳이 바로 뇨보들의 직장이다. 이런 프라이드만으로도 충분히 각자의 개성이 격렬하게 부딪칠 수 있는 장소인 것이다. 특히 궁중의 후궁의 경우는 각자가 속해져 섬기는 주군이 천황에게 있어서 제일 의미 있는 존재가 되어야 한다는 중압감 내지는 경쟁심이 늘 따라다녔기에 뇨보들이 일하는 직장에는 언제나 긴장감이 감돌았다. 그래서 뇨보들에게는 언제나 프로로서 신속하고 센스 있게 일하는 모습이 기대되었다. 그러니 조금이라도 흐트러지거나 일하는 것을 귀찮게 여기거나 하는 모습이 드러난다면, 악평으로 마음고생을 꽤나 해야만 했다. 그러나 소문이라든지 험담이라든지 하는 것이 꼭 사실에 근거하는 것만은 아니었다. 서로 경쟁상대를 깎아내리기도 했고, 너무 재능이 뛰어나도 다른 뇨보들의 질투를 온몸으로 감당해야 하는 것이 현실이었기 때문에, 어찌 보면 참으로 어려운 직장이었다고 할 수 있다.

지금 현대에도 유명한 스타들은 자신에 대한 소문에 죽고 사는 문제가 걸려 있어 각별히 그것만을 관리하는 사람을 고용하기도 한다. 하지만 헤이안시대의 귀족 사회라는 것이 워낙 규모가 작고, 또한 직접 만나서 대화를 하는 일보다는 소문을 믿고 연애하고, 소문을 믿고 그 사람을 판단할 수밖에 없는 사회였기 때문에, 그녀들은 지금의 스타들과는 비교가 안 될 만큼 평판 관리에 힘을 썼다. 그 누구나가 한두 번은 겪었을 만한 곡해된 평판에 대한 작품을 남

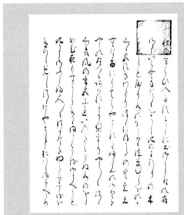
무라사키시키부의 일기사본

겼기에 그 속사정을 알 수 있는 무라사키시키부와 세이쇼나곤의 예를 살펴보도록 하겠다. 무라사키시키부는 사실 자신의 일기 속에 누구는 어떻고 누구는 어떻다는 식의 평가를 많이 써놓은 편에 속한다.

먼저 무라사키시키부를 보도록 하자. 전술했듯이 무라사키시키부는 겐지이야기를 써서 그 재능을 인정받아 입궐했다. 어느 날, 이치죠一条천황은 겐지이야기를 낭독하게 하고 이를 듣다가, '이것을 쓴 작가는, 아마도 니혼키日本紀를 읽었을 것이다. 꽤 학식이 있는 듯하다.'라고 평했다. 여기서 니혼키라 함은, 니혼쇼키日本書紀를 비롯한 나라奈良·헤이안 조정에서 편찬한 릿코구시六国史를 말하는 것으로, 이것들은 모두가 한문漢文으로 써진 서책이다. 즉, 이치죠천황은 무라사키시키부의 한문에 관한 재능을 칭찬한 것이다.

우리가 생각하기로는 무라사키시키부에게 있어서 대단한 영예

일 것이라 판단되지만, 당시의 사회적 분위기로는 이러한 것이 용납되지 않았다. 이러한 이치죠천황의 칭찬을 들은 사에몬노나이시左衛門の内侍라는 뇨보가, 무라사키시키부에게 '니혼키노 미츠보네御局'라는 짓궂은 별명을 붙여준 것만 보아도 알 수 있다. 이 별명은 결코 칭찬의 의미가 아니다. 질투어린 상대방에게 불쾌감을 주는 별명이다. 게다가 또 다른 어떤 이는 무라사키시키부는 한문 지식을 자랑으로 삼고 과시하는 사람이라며 나쁜 평을 퍼트렸다.

이 시대는 여성이 한문의 지식을 가지고 있는 것을 좋게 보지 않았다. 교양으로써 그 지식을 갖고 있는 것은 괜찮았지만 겉으로 보여서는 안 되었기에 모두들 숨기고 드러내지 않았다. 무라사키시키부가 친정에 잠시 돌아가서 머무르고 있을 때에는, 하녀에게 '무라사키시키부 님은 이러고 계시니까 행복하지 못하신 거예요. 도대체 어떤 여자가 한문으로 된 책을 읽는단 말입니까?'라는 소리를 들을 정도였다. 다음과 같은 일화도 유명하다.

무라사키시키부의 아버지가 무라사키시키부의 남동생인 노부노리惟規에게 한문으로 된 책을 가르치는데, 옆에 있던 무라사키시키부가 먼저 외워버리는 바람에 '이 아이가 남자아이가 아닌 것이 나의 불행이다.'라고 안타깝게 여겨 한탄했다는 것이다. 그 정도로 무라사키시키부에게는 명석함과 학식이 있었다. 바로 이 점에 대해 사에몬노나이시는 질투를 했을 것이다. 궁정에서 이런 일은 비일비재했다. 무라사키시키부는 이 일로 많이 상심하고 고민했던 듯하다. 그래서 본인 나름대로의 강구책을 내놓는데, 이후로 '한일자(一)조차도 제대로 못 쓰는 듯이' 행동을 한다. 스스로 난 아무

것도 몰라요 라고 능청스럽게 행동을 한 것이다. 이렇게까지 해야 되나 하는 생각이 들기도 하지만 어찌되었건 무라사키시키부의 이런 공략은 성공을 거둔다. '이렇게 너글너글한 분인 줄은 몰랐어요.'라는 평을 얻어낸다. 무라사키시키부는 고통스러운 경험으로부터, '꼴사납지 말아야 하고, 누구라도 여성이라면 온화하고, 조금은 마음가짐에 여유를 가지고 침착한 것을 기본으로 해야만 품격이나 운치도 멋지다고 인정받아 안심할 수 있습니다.'라는 인간관계 처세술을 획득하고 이를 일기에 담았다.

그런데 참으로 아이러니컬한 사실은, 무라사키시키부가 일기 속에서 세이쇼나곤에 대해 험담을 한 내용이 자신이 당했던 악평과 똑같다는 것이다.

清少納言こそ、したり顔にいみじうはべりける人。さばかりさかしだち、真名書きちらしてはべるほども、よく見れば、まだいとたらぬこと多かり。
세이쇼나곤이야말로, 의기양양한 얼굴로 잘난 체했던 사람입니다. 그다지도 잘난 척하면서 한자를 마구 써대는 것을 보면, 아직도 부족한 점이 아주 많은 것 같습니다.

어쩌면 세이쇼나곤을 최고의 라이벌로 생각했던 본심이 어쩌다가 드러난 것일지도 모른다. 아니면 자신의 처세술만이 옳다고 고지식하게 생각하여 이런 문장을 남겼을 수도 있다. 아무튼 자신이 받은 대로 되갚는 복잡한 여심이라 할 수 있다.

한편 세이쇼나곤의 경우는, 하필이면 세이쇼나곤이 속한 주군

데이시定子를 포함한 주가主家가 미치타카道隆 일족의 라이벌인 미치나가의 편이라는 헛소문이 퍼져서, 친정에서부터 궁정으로 들어오지 못했던 적도 있다. 정말이지 뇨보로서는 치명적인 나쁜 소문이 아닐 수 없었다. 그래도 세이쇼나곤은 무라사키시키부에 비해 시원시원한 성격이어서 주군 데이시와의 절대적인 신뢰관계 속에서 이를 잘 견뎌낸다.

한문학적인 재능에 있어서도, 자신을 테스트하기 위해서 한시로 노래를 보낸 남성에게 한시의 지식을 유감없이 발휘한 와카로 응수해서 그들을 당황시킨 일화가 전해진다. 자신을 낮추는 처세술을 썼던 무라사키시키부와는 대조적이라 할 수 있다. 이렇게 쾌활한 세이쇼나곤이었기에 사람들의 입에 오르는 일이 더 많았을 텐데, 이러한 것에서 어느 정도는 초월한 경지가 아니었을까 하는 생각이 들 정도로 대범하다. 한편 세이쇼나곤 자신도 다른 사람의 험담을 하는 것이 얼마나 즐거운 일인지 숙지하고 인정하고 있다.

人の上言ふを腹立つ人こそいとわりなけれ。いかで言はではあらむ。わが身をばさしおきて、さばかりもどかしく言はまほしきものやはある。されど、けしからぬやうにもあり、また、おのづから聞きつけて、うらみもぞする、あいなし。また思ひはなつまじきあたりは、いとほしなど思ひ解けば、念じて言はぬをや。さだになくは、うち出で、笑ひもしつべし。(『枕草子』二五五段)
다른 사람의 험담을 한다고 화를 내는 사람은 정말 몰상식한 사람이다. 어떻게 남의 험담을 안 할 수가 있단 말인가. 자기 일은 제쳐두고 남의 결점을 늘어놓으며 마구 비난하고 싶은 것이 사람의 마음이다. 하지만 남 험담하는 것이 안 좋다는 생각이 들기도 한다. 또 결국에는 당사자의 귀에 들어가서 이쪽을 원망하며 미워

할지도 모르니 오히려 손해일 수도 있다. 하지만 앞으로 계속 친하게 지낼 사람을 험담하는 것이 너무 매정해서 자제할 뿐이지, 기회만 되면 도마에 올려놓고 이야기꽃을 피우며 웃고 떠든다.

심지어 마쿠라노소시(『枕草子』二七七段)에서는, 모두가 모여서 효부兵部라는 동료의 험담을 하는데 갑자기 본인이 나타났다는 경험담도 솔직히 써내려갔다.

이와 같이 남녀관계에, 또는 자신에 대한 평판에 휩싸이면서도, 자유롭고 꿋꿋하게 여성 공무원으로서 일한 여인들이 바로 뇨보계급이다. 역시 이들에게서는 일반 귀족 여성과는 다른 강한 면모가 부각된다.

이제까지 뇨보들의 공적인 임무보다는 프라이버시에 가까운 내용을 설명해왔다. 언뜻 궁중이라는 곳이 악의로 가득 찬 어두운 곳처럼 묘사되었는지도 모르겠다. 그러니 이번에는 뇨보들이 자기개인의 재능 외에, 어떤 프라이드를 갖고 즐겁게 공무를 집행했나하는 이야기로 넘어가볼까 한다.

3 공식적인 기념식전 : 우타아와세歌合

전업주부와는 달리 궁중에서 일하면서 맛볼 수 있는 즐거움에는 어떤 것들이 있을까? 이는 뭐니 뭐니 해도 여러 가지 행사나 의식에 직접 참여할 수 있는 경험이 아닐까 싶다. 화려한 귀족들이 모이는 각 식전에 자신도 일원이 되어 참례할 수 있다는 특권 말이다. 소문으로 이야기만 들어왔던, 혹은 먼발치에서 동경의 눈으로만 바라보던 고위층들이 있는 자리에 자신도 참석하는 일이 가능한 것이다. 이런 행사가 있을 때면, 뇨보들은 꼭두새벽부터 화장을 하고 머리를 다듬고 하면서 한바탕 소란을 벌인다는 이야기, 정성을 들여 치장을 하고 식전에 참가했는데 너무나도 감격스러운 나머지 울고 또 울어서 화장이 엉망이 되었다는 웃지 못 할 이야기 등이 마쿠라노소시에 자세히 서술되어 있다.

이번에는 이러한 공식적인 행사 중에서 뇨보 자신들이 가장 적극적인 역할을 담당했던 우타아와세라는 궁정 공식 행사에 대해 알아보기로 하겠다. 우타아와세에서 뇨보들은 단순한 관객이나 방관자가 아니라, 이 행사를 이끌어가는 주도적인 역할을 해왔다.

우타아와세라는 행사는 헤이안시대의 사람들을 완전히 매료시켰던, 문화의 정수에 우뚝 솟아 있던 궁중행사이다. 간단하게 설명하자면, 문화의 근간을 이루었던 와카를 사용한 대항게임 정도로 생각하면 된다. 행사에 참여하는 구성원들을 좌팀과 우팀으로 양분해서, 미리미리 준비해두었던 와카를 펼치게 하는 것이다. 그래서 어느 팀의 와카가 더 우월한지를 겨루는 게임이다.

하지만 이 행사의 성격은 승부에만 집착하는 것이 아니다. 관현악에 의한 음악이라든가, 베풀어지는 주연, 그리고 와카의 장식물인 스하마州浜란 공예품도 전시되는 등, 눈, 귀, 마음을 즐겁게 하는 특별 행사인 것이다. 물론 행사의 규모나 성격에 의해 다양한 양태의 우타아와세가 행해졌지만, 기본적인 행사의 준비 과정은 다음과 같은 절차를 밟는다.

예를 들어, 천황이 주재하는 다이리우타아와세內裏歌合 같은 경우는, 행사의 날짜와, 히다리노토左の頭, 미기노토右の頭라는 각 팀의 주장에 해당되는 사람을 필두로 양 팀의 멤버가 어명에 의해 정해진다. 그리고 어떤 주제로 와카를 지어야 하는지 그 주제가 되는 다이題와, 한쟈判者라고 하는 판정자, 고지講師라고 하는 와카를 소리 내어 낭독할 담당자도 차례로 정해진다. 이렇게 행사의 기본 요소가 정해지고, 이제부터 진행될 행사 전반의 실질적인 운영을 담당하는 것은 히다리노토, 미기노토라는 사람들 밑에서 일하는 각 팀의 가토우도方人들이다. 즉, 양 팀이 어떤 가인에게 노래를 짓게 할 것인지, 어떤 작전으로 임할 것인지 등에 대한 모든 통솔을 이들이 해나가는 것이다. 가토우도들의 역할을 일본 우타아와세 연구의 권위자인 하기타니 보쿠萩谷朴 씨는 다음과 같이 정의했다.

方人とは勝敗を自ら争う左右の競技者自身をいい、念人とは、その方人を応援支持し、勝敗の喜憂を各自の方人と共にする立場にあるものをいう。
가토우도라는 것은 스스로 싸워 승패를 내는 경기자 자신들을 말하며, 넨닌念人이라는 것은 승패의 희비를 자기가 속한 가토우도들과 함께 공유하는 입장에 있는 존재를 말한다.

이는 헤이안시대에 열린 약 500여 회의 우타아와세 중에서도 최고의 전형이라고 손꼽히는 덴토쿠天德 4년 다이리우타아와세에서, 무라카미村上천황이 우타아와세 행사를 한 달 앞두고 행한 인선人選에 대한 기록에 가토우도와 넨닌이라는 두 부류가 존재하기 때문에 이에 대한 설명을 해놓은 부분이다. 가토우도에는 당대의 궁중 뇨보들의 이름이, 넨닌에는 당대의 남자 귀족들의 이름이 열거되었다. 이러한 인선의 내용을 보면, 덴토쿠 4년 다이리우타아와세를 왜 '뇨보우타아와세지女房歌合事'라고 표기했는지에 대한 의문이 풀릴 것이다. 결과적으로 실질적인 경기 운영자는 뇨보들이지만, 이 게임의 승패를 같이 즐기고 후원하는 형태로 확대 향유하는 것에는 넨닌도 포함되는 것이다. 덴토쿠 4년 다이리우타아와세의 경우는 넨닌의 구성도 정치색을 드러내 재미있는데, 당시에 정권을 잡은 후지와라藤原氏가 좌팀에, 정치 패권의 경쟁자인 겐지源氏가 우팀에 있었다. 당시는 정치적으로 뿐만이 아니라 문화적으로도 리드해야만 진정한 지배자로 인정을 받는다는 인식이 반영되어 있었다고 할 수 있다.

한편, 각 팀의 가토우도를 총지휘하는 히다리노토, 미기노토의 인선은 한층 더 흥미를 더하는데, 무라카미천황의 배우자 중에서 비교적 입궐 시기가 늦은 고이更衣 계급의 신참 배우자들이 이를 맡았다는 사실 때문이다. 고이 계급의 배우자라는 것은, 아버지나 후견세력이 대신급이 아니어서 뇨고 밑의 신분으로 규정되어지는 배우자들을 말한다. 또한 가토우도 안에도 다른 고이들의 이름이 보이는 걸 보면, 당대의 뇨고 레벨의 배우자들과는 구별되는 존재들이었음이 확인된다. 즉, 뇨고 이상의 신분인 천황의 배우자들은 전혀 이 행사에 참여하지 않기 때문에, 이 행사에 참여한 고이는 천황의 배우자들이기는 하나 좀 더 여관적女官的인 신분으로 이해되었을 가능성이 높다. 이를 또한 뒷받침할 만한 근거로는, 당시의 후궁우타아와세後宮歌合32)의 주최자들을 볼 수 있다. 이 우타아와세의 주최자들은 전부 뇨고 계급 이상의 배우자들이다. 아무튼 덴토쿠 4년 다이리우타아와세의 히다리노토, 미기노토에는 각각 후지와라노 도시코藤原脩子와 후지와라노 아리죠藤原有序가 배치되었는데, 이 구성원의 성격만으로 덴토쿠 4년 다이리우타아와세의 승패의 행방은 이미 결정 나 있었던 것이나 마찬가지였다는 것이 전문가들의 분석이다.

즉, 도시코의 아버지는 이 우타아와세에서 넨닌으로 참가했고, 좌팀의 구교公卿의 대표격으로 연회에서는 피리를 연주했으며, 도시코의 백부는 일곱 수의 와카를 출품시킨 것에 비해, 상대팀인 아리죠의 경우는 이전 해에 후견세력인 아버지를 잃고 후궁이라는 경쟁사회에서 그 존재감이 미비했기 때문에, 좌팀의 승리로 돌아갈 것이 당연했다는 논리이다.

---

32) 무라카미천황의 재위 기간에 행해졌던 우타아와세 중에서 ·표시는 뇨고 이상의 배우자가 주최한 우타아와세임.

四三 天暦七年十月廿八日内裏菊合
四四 天暦九年閏九月内裏紅葉合
四五 天暦十年〔二月廿九日〕麗景殿女御荘子女王歌合·
四六 天暦十年〔三月廿九日〕斎宮女御徽子女王歌合·
四七 天暦十年五月廿九日宣耀殿御息所芳子瞿麦合·
四八 天暦十年八月十一日坊城右大臣師輔前栽合
四九 天暦十一年二月蔵人所衆歌合
五〇 或所前栽合雑載
五一 〔天暦十一年以前〕秋内裏前栽合
五二 〔天徳二年七月以前〕中宮歌合·
別二 天徳三年八月十六日内裏詩合
五三 天徳〔三年〕八月廿三日〔斎宮女御徽子女王〕前栽合雑載·
五四 天徳三年九月十八日庚申中宮女房歌合·
五五 天徳四年三月卅日内裏歌合
五六 某年麗景殿女御·中将御息所歌·

행사 당일에는 뇨보들로 구성된 가토우도들의 정성어린 준비과 정 끝에, 드디어 행사를 진행하게 된다. 겨루어지는 와카도 몇 번에 걸친 심사에 의해 선별되고, 이날의 의상과 향香, 소도구들도 최고의 감각을 자랑하는 것으로 준비된다.

주최자인 천황의 자리는 세이료덴清涼殿의 서쪽 히사시西廂[33]의 남쪽으로부터 다섯 번째 방間인 다이반도코로台盤所에 위치한다. 그리고 천황의 의자가 있는 방으로부터 남서쪽의 방에 발을 치고 좌팀 뇨보左方女房들의 자리가 마련되고, 그 건너편인 북쪽의 두 방에 발이 드리워지고 우팀 뇨보右方女房들이 배석하여 앉게 된다. 아래쪽의 참가자들의 입장에서 보면 천황과 뇨보들이 나란히 앉아 있는 것으로 보인다. 그리고 천황의 의자가 있는 방의 정면에 있는 중간복도中渡殿 부근이 우타아와세의 중심무대가 된다. 그곳은 스하마라는 공예품에 와카를 써서 양편을 장식한다. 그리고 그 중심무대가 되는 복도渡殿 안쪽의 남북 양쪽에 다다미畳 세 장씩을 깔고, 남쪽과 북쪽에 각각 좌팀 구교左方公卿와 우팀 구교右方公卿들이 앉는다. 그리고 이 복도 바깥쪽의 작은 마당에는 음악이나 무용을 담당하는 사람들이 자리하고, 세이료덴의 건너편에 위치한 고료덴後涼殿에는 각각 좌팀의 신하左方侍臣들과 우팀의 신하右方侍臣들이 앉게 된다.

---

33) 히사시廂는 신덴즈구리寝殿造에서 몸채 주위의 조붓한 방을 일컬음.

헤이안시대의 연주와 춤

西
(清涼殿)

右女房座　　　　御椅子　　　　左女房座
■■■　　　　　　□□　　　　■■■■■■

左文台州浜　　　　　　　　　右文台州浜
♠　　　　　　　　　　　　　♠

(北)　　　　　　　　　　　　　　　　(南)

左右公卿の座

■　■
■　■
■　■

(北小庭)　　　　　　　　　　　　　(南小庭)
■■■　　　　　　　　　　　　　■■■
右楽所召人座　　　　　　　　　　左楽所召人座

(中渡殿)

■■■　　　　　　　　　　　　■■■
右侍臣座　　　　　　　　　　　左侍臣座

(後涼殿)

　이렇게 정리가 되면 와카를 겨루게 되는데, 덴토쿠 4년 다이리 우타아와세에서의 와카 승부의 절정을 이룬 것은 다음의 일화가 아닐까 한다. 겨루어진 와카들의 작가는 다음과 같이 당대에 뛰어나다고 평가받던 전문가인專門歌人들인데, 그중에서도 제20번 노래에서 겨루어진 다다미忠見와 가네모리兼盛의 명승부는 너무도 유명하다.

左 朝忠卿 坂上望城 橘好古 大中臣能宣 少弐命婦 壬生忠見 源順
右 平兼盛 藤原元真 中務 藤原博古

다다미와 가네모리는 신분이 낮았기 때문에, 우타아와세 당일 궁중의 정전正殿에는 올라갈 수가 없으므로 직접 행사에 참여할 수는 없었지만, 승부에 지대한 관심을 가지고 초조하게 기다렸다고 한다.

左「恋すてふ我が名はまだき立ちにけり 人知れずこそ思いそめしか」忠見
사랑을 한다고 하는 나에 대한 소문은 참으로 빨리도 세상에 퍼지고 말았다네.
누구에게도 알리지 않으려고 남몰래 혼자서 사랑하기 시작한 지 얼마 안 되는데…….
右「忍ぶれど色にいでけり我が恋は ものや思ふと人の問ふまで」兼盛
계속 참으며 숨기고 있었는데, 나도 몰래 얼굴에 나타나버렸다네. 나의 간직한 사랑은. 누군가를 사랑하고 있지요? 라고 다른 사람들이 나한테 물어볼 때만큼.

쌍방의 노래 모두 손에 꼽힐 만한 명가名歌인지라, 한쟈를 맡았던 좌대신左大臣 후지와라노 사네요리藤原実頼는 판결을 내지 못하고 망설였다. 그런데 무라카미천황이 다다미의 노래는 두세 번 읊조리고, 가네모리의 노래는 몇 번이고 나직이 곱씹어 읊조리는 모습을 보고, 가네모리의 승리로 판정했다고 한다. 이 일로 인하여 다다미는 패배의 충격에서 벗어나질 못하고 거식증에 걸려 죽어간 반면에, 가네모리는 이 기회를 계기로 전문가인으로서의 발판을 굳건히 하여, 당대의 여러 우타아와세에 단골손님이 되어 80세가 넘도록 활약했다고 전해진다.

우타아와세 전체의 종합성적은 좌팀의 승리로 결말이 났지만, 다다미라는 한 개인의 운명은 너무도 안타까웠다. 하지만 그가 남긴 두 수의 노래 모두 후대에 높이 평가받아, 오구라햐쿠닌잇슈小倉百人一首[34]에 나란히 포함되었다.

이러한 과정으로 와카의 대항이 끝나면, 진 팀이 이긴 팀에게 잔치를 베풀고 주연이 베풀어지며 서로 흥겹게 행사를 즐긴다. 또한, 하루 이틀 뒤에는 스하마의 헌상獻上이 이루어지는데, 그 행사장에 직접 참석치는 못했지만, 그 우타아와세의 여흥이 확대되도록 무라카미천황의 황후 안시安子에게 좌팀와 우팀의 스하마가 진상되고, 그중에서 좌팀의 스하마는 안시의 의중에 따라 다음 황위를 잇게 될 동궁비인 쇼시공주에게 전달된다. 이 우타아와세 행사의 영예를 당대 최고의 여성에게 돌린다는 의미를 담아서 말이다. 이처럼 뇨보들의 주도적인 행사 운영에 힘입어 거행된 우타아와세는, 그들의 최고 수장인 황후와 그 뒤를 이을 여성에게 귀결되었다. 발뒤에 가려진 그림자와 같은 존재인 여성들이 이렇게 하여서 궁중의 공식 행사에 그 존재감을 드러냈던 것이다.

---

[34] 후지와라노 데이카가 100명의 명인의 와카를 골라놓은 가집(私撰和歌集).

이와 같이 살펴보면, 헤이안시대의 직업여성들은 소위 무사 체제나 유교에 의해서 오해되어온 고정관념과는 거리가 먼 것을 알수 있다. 일부다처제에서 박복한 자신의 삶을 눈물로 지새운 가녀린 여인이 아니라, 여성성을 존중받으며, 한 인간으로서 자기 정체성을 가지고 살아간 존재라 할 수 있다. 어쩌면 일본의 역대의 역사 중에서 여성이 제일 주목을 받고 반짝였던 시기인지도 모르겠다. 개인의 재능을 인정받아 그것을 발휘할 수 있는 가능성이 사회 전체적으로 형성되었고, 그녀들의 결혼 생활이나 연애 생활 등의 사생활조차 자유롭고 당당했던 시기였다. 특히 궁중에 출사했던 뇨보들은 문화를 창출하는 창조자라는 자부심과 자의식이 충족되어 있었다. 이렇게 여성들의 자유로운 활동이 가능했던 것은 그녀들이 지닌 경제권에 기인하는데, 다음 장에서 더 자세히 서술하겠지만, 당시 영지나 주택, 재산권을 물려받는 것은 태어난 자식을 기르는 여성의 편에 있었다. 여성이 한 인간으로서 살아갈 수 있는 기반이 되는 독립된 경제력을 사회로부터 부여받았던 것이다. 그러하기에 역사상 그 어느 때보다도, 자유롭게 개성을 인정받아 자기표현을 하며 활기차게 삶을 살아갈 수 있었다고 할 수 있다. 물론 서민과는 동떨어진 귀족 사회의 이야기이기는 하지만 말이다.

3부

상상을 초월하는 **귀족**들의
화려한 **생활**모습 : **의식주**

헤이안시대가 아니더라도 아직까지 왕실이 존재하는 영국, 모나코, 일본 등의 경우, 그들의 화려한 생활은 일반 대중에게 커다란 관심거리가 아닐 수 없다. 일반 대중과는 동떨어진, 어떤 면에서는 상상을 초월하는 화려한 생활을 하는 것도 한 이유가 아닐까 싶다. 그들의 조그마한 움직임은 거의 모두 화젯거리가 되고 취재의 대상이 된다. 일본의 경우는 다른 나라의 왕실에 비하면 철저히 가려진 생활을 하지만, 일본 사회 속에서 아주 특별한 존재로 취급받는 것도 사실이다. 현 아키히토천황明仁天皇이 황족이나 귀족이 아닌 일반 서민과 결혼했을 때는 막대한 양의 텔레비전이 팔렸고, 2001년 황위 계승 서열 1위인 나루히토德仁황태자의 딸이 태어나자 그 딸이 어떤 옷을 입고 어떤 장난감을 갖고 노는지에 온통 시선이 집중되었다. 우리 한국에서는 이런 막강한 존재가 없기 때문

헤이세이(아키히토)천황과 평민 출신 황후

에, 인기 있는 연예인들 일부가 이러한 일반 대중의 관심과 시선을 받아내고 있는 형편인지도 모르겠다. 사실 딱히 존재가치를 따지지 않더라도, 타인의 사생활을 엿보는 일은 나와 비교할 수 있다는 점에서 참으로 재미난 행위가 아닐 수 없다.

제3부에서는 대중문화의 세상에서도 그 시선을 끌어 마지않는 왕실과 귀족들의 생활상에 관해 이야기하려고 한다. 일본의 헤이안시대란 그야말로 몇 명의 귀족들만이 존재가치가 있는 그런 사회였기 때문에, 서민과는 비교도 안 되는 생활을 해왔다.

2007년 일본 최대의 갑부는 소프트뱅크의 손정의 사장ソフトバンクの孫正義社長(약58억 달러 : 約 6,786 億円)이라고 하는데, 이는 일본 황실을 제외한 통계가 아닐까싶다. 그도 그럴 것이 일본 황실의 재산은 지금 헌법에 의해 국가에 귀속되어 있기 때문인데, 아마도 공

개된다면 아직도 급증하고 있다는 황실의 재산은 손정의 사장과는 비교도 되지 않을 것이다. 그렇다면, 헤이안시대에는 어떠했을까?

1 소수를 위한 경제권과 주거 형태

귀족의 경제력의 근원은?

아무리 막대한 경제권을 가지고 거대한 저택에 산다고 하더라도 헤이안시대의 귀족들은 기본적으로 모두 국가 공무원이다. 즉, 나라로부터 급여를 받는 샐러리맨인 것이다. 그러니 먼저, 율령제도 속에서 어떤 성격의 급여를 얼마만큼 받았는지 알아보도록 하자.

첫 번째로, 이덴位田이라는 것이 지급된다. 즉, 우리나라의 정3품, 종2품 하듯이 직위에 따라 정해진 쵸町35) 단위의 경작지를 받는다. 여기서 수확된 쌀이 수입원이 되는 것이다. 따라서 오늘날의 소득세와 마찬가지로 덴소田租라고 하는 소득세를 낸다.

다음으로는, 3품 이상의 사람에게만 특별히 지급되는 이후位封라는 것이 있다. 이것은 코戸가 단위가 되는데, 1코戸는 세테正丁라고 하는 21세에서 60세까지의 남자 네 사람과 17세에서 20세까지의 남자 한 사람을 합한 합계 5명을 뜻한다. 즉, 이들의 세금을 받게 되는 것으로, 정1품은 300코, 정2품은 200코 하는 식으로 정해

---

35) 토지 면적의 단위. 1町는 10段, 율령제에서는 3600步로 약 99.17are.(1are=100평방미터=약 30.25坪)

小初位	大初位	従八位	正八位	従七位	正七位	従六位	正六位	従五位	正五位	従四位	正四位	従三位	正三位	従二位	正二位	従一位	正一位	
																		位階
								八町	一二町	二〇町	二四町	三四町	四〇町	五四町	六〇町	七四町	八〇町	位田
												一〇〇号	一三〇号	一七〇号	二〇〇号	二六〇号	三〇〇号	位封
								四匹	六匹	八匹	一〇匹							位禄 絁
								四屯	六屯	八屯	一〇屯							位禄 綿
								二九端	三六端	四三端	五〇端							位禄 布
								一八〇常	二四〇常	三〇〇常	三六〇常							位禄 庸布
一匹	一匹	一匹	一匹	二匹	二匹	三匹	三匹	四匹	五匹	七匹	八匹	一二匹	一四匹	二〇匹	二〇匹	三〇匹	三〇匹	季禄 絁
一屯	一屯	一屯	一屯	二屯	二屯	三屯	三屯	四屯	五屯	七屯	八屯	一二屯	一四屯	二〇屯	二〇屯	三〇屯	三〇屯	季禄 綿
二端	二端	三端	三端	三端	四端	四端	五端	一〇端	一二端	一八端	二三端	三六端	四二端	六〇端	六〇端	一〇〇端	一〇〇端	季禄 布
五〇口	一〇〇口	一〇〇口	一五〇口	一五〇口	一五〇口	一五〇口	一五〇口	二〇〇口	二〇〇口	三〇〇口	四〇〇口	六〇〇口	八〇〇口	一〇〇〇口	一〇〇〇口	一四〇〇口	一四〇〇口	季禄 庸布

각 직위에 따른 급여표

졌다.

이 외에도, 이로쿠位禄, 기로쿠季禄라고 하여, 직위나 계절별로 옷감 등을 지급받게 된다.

또한, 이런 직위에 관계된 것 외에도, 시키덴職田이라고 하여, 좌대신 우대신 하는 관직에 대해서 주어지는 경작지도 있고, 시키후職封도 있었다.

参議	中納言	大納言	左右大臣	太政大臣	官職
		二〇町	三〇町	四〇町	職田
八〇号	四〇〇号	八〇〇号	二、〇〇〇号	三、〇〇〇号	職号

관직에 따른 급여표

이러한 수입은 현물급여로 주로 쌀로 받게 되는데, 대신大臣 정도의 위치가 되면 약 6000석 정도로, 지금의 쌀 가격으로 환산하면 연봉 3억 엔 정도가 된다. 이것을 원화로 환산해보면 30억이 채 안 된다. 우리나라의 서민 감각에서 보면 큰 돈일지 모르지만, 일본 대기업의 임원들의 퇴직금이나 프로 운동선수들의 연봉과 비교하면 납득이 가는 금액이 아닌가 싶다.

그리고 이외의 수입으로는 넨칸年官, 넨샤쿠年爵라고 하여 관직이나 직위를 내릴 때 이를 추천하는 귀족에게 추천료가 되는 닌료任料, 죠료叙料가 주어지는데, 이것도 무시 못 할 좋은 수입원이었다고 한다. 예를 들어 종5품하從五位下의 추천료가 쌀 600석이었다는 사료도 남아 있다.

한편, 장원제도에 의한 귀족이나 사찰의 사적인 영유지도 시야에 넣어 생각해야 하는데, 여기서는 넨구年貢라는 조세수입이 생기게 된다. 율령제가 점점 힘을 잃으면서부터는 점차로 사유화되는 토지가 늘어나게 되는데, 중앙에서 막강한 권력을 휘두르는 귀족의 휘하에는 그 보호 하에서 이익을 얻으려는 이유에서 장원이 집중하게 되어, 막대한 부를 생산하게 된다.

또한, 귀족 사회는 귀족이 윤택하게 그 삶을 영위하도록 하는 구조이기 때문에, 이런 금품적인 수입 외에도 그 시스템 자체에서 귀족이 누릴 수 있는 안락함이 많았다. 예를 들어, 게이시家司, 즈이진隨身, 시진資人이라고 하는 사무원, 호위병, 수행원과 같은 수많은 인적자원도 율령제에 의하여 귀족에게 할당되었다. 그러니 모든 것을 종합하여 생각하면, 귀족들의 총수입은 가히 천문학적 숫자였다고 봐도 될 것이다.

귀족들의 경제력이 이러했을 진데, 귀족들에 비해 천황가가 유지되기 위해서는 어느 정도의 규모의 경비가 필요했을까 참으로 궁금하지 않을 수 없다. 사실 헤이안시대의 황실이 필요로 했던 실질 경비는 거의 알 수가 없다. 단지, 비교할 수 있는 것이라면 일반 귀족의 저택과 황궁의 넓이를 비교하는 정도가 될 텐데, 이 점에 관해서는 주거 형태의 부분에서 다루기로 하자. 그러나 현대의 천황가를 위한 1년간의 소요 경비는 공개되었으니 우리가 헤이안 귀족과 황실을 이해하는 데 조금은 발판으로 이용할 수 있을 것이다.

【平成18年度(2006년)宮内庁関係予算】	
① 皇室費	68億5157万円
内訳 宮廷費	62億5399万円
内廷費	3億2400万円
皇族費	2億7359万円
②宮内庁費	106億6156万円
合計	175億1313万円

【平成17年度(2005년)皇族費予算内訳】	
秋篠宮家	5185万円
常陸宮家	4575万円
三笠宮家	4575万円
寛仁親王家	5856万円
桂宮家	3050万円
高円宮家	3726万円
合計	2億6967万円

이 자료에 의하면[36], 약 180억 엔 정도의 금액이 소요되는 것으로 나오는데, 우리나라의 원화로 환산하면 약 1500억 원 정도가 될 것이다. 소프트뱅크의 손정의 사장의 전 재산의 약 4분의 1을 1년 경비로 소요한 것이다. 역시나 일반 시민과는 비교도 안 될 정도의 존재가 아닌가 싶다. 헤이안시대의 서민의 삶이라는 것이 지금과는 비교도 안 될 만큼 열악한 환경이었다는 것을 감안한다면, 당시의 황실과 귀족들은 정말로 화려한 생활의 극치를 누렸던 것이다.

어떤 집에서 살았을까?

제2부에서 다루었던 귀족 직업여성들도 그러했지만, 일반적으로 결혼 생활을 영위한 귀족의 일반여성들도 무슨 일이 있으면, 툭하면 친정으로 돌아가는 모습이 문학 작품의 도처에 깔려 있다. 그만큼 여성 쪽의 경제 기반이 기본이 되었다는 반증이라 하겠다. 그러니 우리내의 친정과 뒷간은 멀수록 좋다는 감각은 없었던 것 같은데, 간혹 눈에 띄는 묘사 중에 친정으로 돌아간 아내나 애인의

---

36) http : //www.fujitv.co.jp/takeshi/column/takedatsuneyasu/takedatsuneyasu10. html

천황의 거주지인 고쿄

뒤를 좇아가보니, 그 집이 황폐해져 있었다는 사실에 마음 아파하는 남성들이 다시 부인을 애처롭게 여기기 시작했다는 이야기도 있다. 그만큼 경제 기반이 튼튼한가 아닌가 하는 경제 형편은 사는 곳에 잘 반영된다는 이야기가 된다. 이번 항목에서는 주로 귀족들이 살았던 주거 형태에 대해 다루어보겠다.

물론 당대에 제일 넓은 집에 살았던 사람은 천황이다. 지금은 그곳을 고쿄皇居라고 하는데, 헤이안시대에는 다이리內裏라고 칭했다.

지금이야 고쿄가 일본의 수도인 동경의 한복판에 위치하며, 총 면적 1,150,436평방미터(국유재산으로써의 고쿄의 가치는 2188億 1000万円[37])나 되는 면적을 차지하고 있어 동경의 심장부의 교통 체증의 한 요인이 되지만, 헤이안시대에는 이름 그대로 헤이안쿄

---

37) 이 통계자료는 일본의 국회 보고 정보 「헤이세 15년도 국유재산 증감 및 현재 가격 총 계산서」에 의거함.

교토의 황거 정면 사진

平安京라는 수도에 있었다. 당나라의 수도 장안長安을 모델로 만들어진 헤이안쿄는 남북으로 약 5.3㎞ 동서로 약 4.5㎞ 뻗은 바둑판 같이 정리된 도성이다. 궁궐內裏과 여러 관청들을 포함한 다이다이리大內裏는 도성의 북부 중앙에 위치하여, 남북으로는 약 1.4㎞ 동서로는 약 1.2㎞의 면적을 차지했다. 총면적이 1,680,000평방미터이니 현대 동경의 고쿄보다도 좀 더 큰 규모였다. 이 다이다이리의 남쪽 중앙에 있는 스자쿠몬朱雀門으로부터 도성의 최남단에 위치한 라쇼몬羅生門까지가 헤이안쿄의 메인 거리에 해당되며, 이 메인 거리 스작쿠오오지朱雀大路를 경계로 도성은 좌우로 나뉘어 사쿄左京, 우쿄右京로 칭해졌다. 기라성 같은 귀족들의 집은 대부분 사쿄에 위치했다. 우리나라의 서울로 보면 강남과 같은 감각이었다.

먼저, 천황과 그의 배우자들이 기거하는 궁궐인 다이리는 다이다이리의 중앙부 약간 동쪽에 치우쳐 위치하는데, 약 66,660평방미터의 면적이었다.

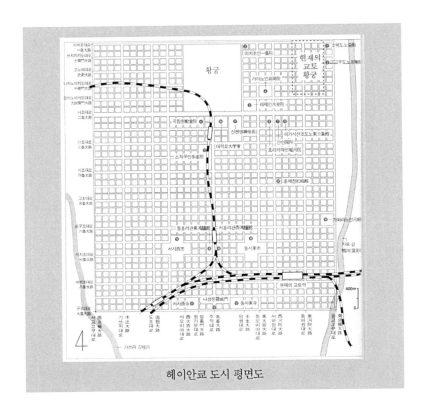

헤이안쿄 도시 평면도

다이리는 이중의 쓰이지築地(토담)로 둘러싸여, 정문 안쪽에 죠메이몬承明門이 그 외곽의 쓰이지에 겐레이몬建礼門이 위치한다. 이들 중앙 남쪽 문에서 약간 북서쪽으로 치우쳐 천황이 주로 거하는 세이료덴清涼殿이 있고, 그 뒤 북쪽으로 천황의 후비들이 거처하는 후궁12사後宮十二舍가 이어진다.

그러면 이제 다이다이리의 스자쿠몬을 나서는 기분으로, 메인 거리인 스작쿠오오지朱雀大路를 중심으로 헤이안쿄의 모양새를 한번 살펴보자. 스작쿠오오지는 지금으로 보면 24차선 정도 되는 규

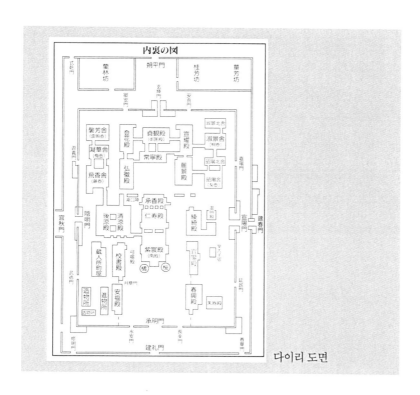

다이리 도면

모의, 버드나무가 줄지어 그 잎새를 나부끼는 아름다운 거리였다고 곳곳에 묘사되었다. 이 거리에 의해 사쿄와 우쿄로 나누어진다. 그리고 그 사쿄와 우쿄는 각각 남북으로 5개의 오오지大路와 11개의 쇼지小路로 구획지어지고, 동서로는 13개의 오오지와 26개의 쇼지로 나누어진다.

이 동서남북의 오오지와 쇼지로 구획되어지는 부분을 마치

마치의 구획도

천황의
아침식사하는 곳

町라고 한다. 이 마치라는 단위가 귀족들의 주택이 지급될 때의 기준이 되는데, 평균 14,800평방미터(약4,500평)에 달한다. 현대에서 마치는 구區 밑의 구획단위로 우리나라의 월계동, 청담동하는 식의 동의 감각으로 쓰인다.

그러면 부귀영화와 권세를 누린 존재로 유명한 귀족들의 저택의 면적을 보자. 사다이진左大臣 타다히라忠平의 집의 부지가 18,000평 즉, 4개의 마치에 해당하며, 후지와라노미치나가藤原道長의 저택 면적은 9,164평이었다고 추정된다. 그중에 가장 넓은 부지를 자랑했던 것은 미나모토노토루源融(822~895년)의 가와라노인河原の院으로, 8개의 마치에 해당하는 넓이였다고 하니, 궁전에는 못 미치더라도 대단한 넓이의 저택을 소유했음에 틀림없다. 당시의 서민들이 히토헤누시一戸主라고 해서 약 138평의 집에서 살았다고 하니 그 차이는 실로 대단했다고 볼 수 있다. 현대의 한국이나 일본의 주택 사정을 고려해보면 헤이안시대의 일반 서민들의 집 규모도 부럽지만, 당시의 귀족이 누렸던 영화에는 입이 벌어질 뿐이다.

이번에는 그 저택들의 가옥 구조에 대해 살펴보자. 이들 귀족들의 집은 하나의 양식을 갖추었는데, 이를 신덴즈쿠리寝殿造라고 한다. 여기서 신덴寝殿이라고 하는 것은 잠을 자는 침실을 지칭하는 것은 아니고, 중심적인 건물, 즉 세이덴正殿을 뜻하는 용어이다. 이 신덴이 남쪽의 정원에 면해서 세워지고 동서 양쪽으로 다이노야対屋라고 불리는 부속건물이 이어지는데, 신덴과 다이노야는 와타도노渡殿라는 지붕을 얹은 복도로 서로 연결되었다. 보통 동쪽이나 서쪽의 다이노야로부터 와타도노를 길게 빼서 정원의 연못에 닿게 하여 즈리도노釣殿를 설치한다. 지붕은 노송나무 껍질로 처리하며, 가옥 구조는 개방적이다. 즉, 벽으로 처리하는 것이 아니라, 실외와는 시토미도蔀戸로 칸막이 처리를 한다.

다음 장의 사진에서 보이듯이, 신덴에 들어가기 위해서는 5단으로 되어 있는 계단을 올라가야 하고, 계단을 올라간 곳에는 스노코簀子라는 우리나라의 툇마루 같은 것이 깔려 있다. 이 스노코를 지나 즈마도妻戸라는 양편의 문을 통해 실내로 들어간다.

스노코에 면한 벽 부분이 전술한 나무를 격자로 짜서 위아래로 열리게 한 시토미도로 구분되고, 이 시토미도 안쪽으로 발簾이나, 가로대에 휘장을 늘어뜨린 기쵸几帳, 미닫이문과 같은 쇼지障子 등으로 방이 구획지어진다.

신덴의 내부는 크게 모야母屋와 히사시廂로 나누어지는데, 중심에 모야가 있고 그 주위를 둘러싸듯 히사시가 위치한다고 보면 된다. 방에 해당하는 모야나 히사시는 지금처럼 다다미畳로 전면이

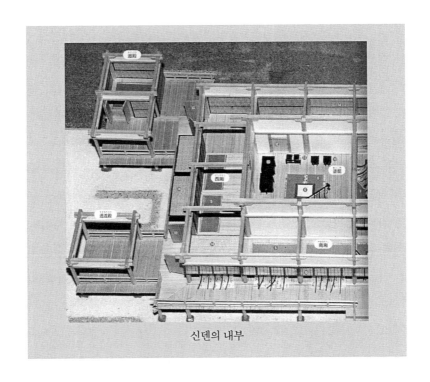

신덴의 내부

깔린 게 아니라 필요 부분만 깔리고, 나머지는 나무판으로 처리된다. 기둥과 기둥 사이는 발이나 커튼과 같은 가베시로壁代, 병풍屛風, 기쵸 등으로 장식하여 외부와 차단한다. 모야가 주로 주인이 기거하는 방이었고, 이보다 채광이나 바람이 잘 드는 히사시는 손님을 접대한다든지 하는 거실로 이용되었다. 오직 벽으로 처리된 방은 누리고메塗籠라고 하는 방이 유일한데, 귀중품을 보관한다든지 주인의 침실로 이용되었다. 그리고 이 신덴과 와타도노로 연결된 다이노마에는 아이들이나 부인이 기거한다. 그 구조는 신덴과 비슷하다.

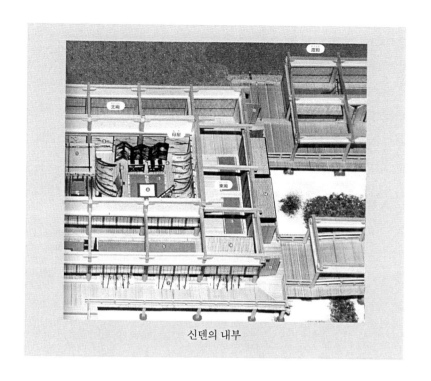

신덴의 내부

　그런데 이 신덴즈쿠리의 전체 가옥구조를 다시 한번 찬찬히 살펴보면, 주차장에 해당하는 구루마야도리車宿도 있고, 요리하는 부엌도 있고, 정원은 배를 띄우고 놀 정도인데, 유일하게 없는 것이 있다. 그것은 바로 화장실이다. 주인 가족이야 화장실 전담 요원인 미카와야우도御厠人라는 여관女官과 히스마시樋洗라는 여동女童이 요강 같은 변기를 가져다주고 씻어다주고 했지만, 나머지 이 대 저택을 관리하고 시중들고 하는 어마어마한 숫자의 하인들은 도대체 어떻게 볼일을 보았을 것인가는 아직도 미스테리이다. 프랑스의 그 아름다운 베르사유 궁전에도 화장실이 없기는 마찬가지여서,

신덴즈쿠리

시토미도

그 궁전을 둘러싼 방대한 숲이 화장실 역할을 했고, 파티가 있을 때면 각 귀족의 가솔들이 마차에서 대기하다가 볼일을 보게 했다는 이야기도 전해지는데, 별로 다르지 않았을 것 같긴 한데 현재로서는 전혀 알 수가 없다.

2 품위와 인격을 대변하는 복식 생활과 멋내기

경제력과 주거 형태를 살펴본 것으로 헤이안 귀족들의 풍요로운 삶이 조금은 상상이 되었을 것이다. 이제는 그들의 소비생활을 알아보도록 하자. 역시, 의복에서부터 이야기를 풀어내는 것이 좋을 듯싶다.

걷기 힘들 정도의 여러 겹의 옷

일본의 연중행사 중에 히나마츠리ひな祭り(3월3일)라는 것이 있는데, 이는 각 집안의 여자아이들의 행복을 염원하며 인형을 장식해놓는 것이다. 이 인형을 장식해놓는 대를 히나단雛壇이라고 하는데, 계단식으로 되어 있다. 보통 최상단에는 천황과 왕후의 인형이, 그 밑에 단에는 뇨보들의 인형이 장식되는데, 그 옷차림은 왕조의 화려함을 한꺼번에 보여준다. 아름다운 색으로 조화된 여러 겹의 비단옷을 입었는데, 난방시설도 제대로 없는 개방적인 가옥구조에 맞으면서도 색의 조화로 한껏

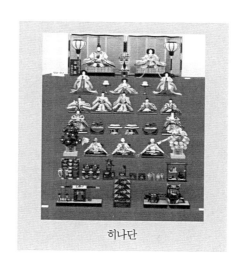

히나단

여러 겹의 여성 복장

멋을 낼 수 있는 그런 옷차림이었다. 그러면 여성들이 입는 옷을 중심으로 살펴보도록 하자.

먼저, 직접 피부에 닿는 속옷을 보자. 하카마袴와 히토에기누單衣를 입는데, 하카마는 아주 큰 바지를 연상하면 되고 색은 보통 선홍색紅이다. 헤이안시대의 여성들의 초상을 보면 양 끝단에 빨간색 옷감이 보이는데, 이것이 바로 하카마이다. 다리를 완전히 감출 수 있을 정도로 여유가 있는 통바지이다. 이 위에다 히토에기누라는 상반신용 속옷을 착용한다. 이 속옷 또한 하카마처럼 겉옷보다 크게 만들어져, 기장도 길고 해서 겉옷 밖으로 나오는 경우가 많다. 그래서 얼굴을 가린다든지, 눈물을 닦을 때 사용되었다는 묘사가 문학 작품에 많이 나온다. 이 히토에기누는 생명주실로 짠 직물이기 때문에 아주 얇고 가볍다. 잠자리 날개같이 얇아서 피부가 비칠 정도이다. 이러한 속옷차림은 당연히 타인 앞에서는 할 수 없는, 집안에서 아주 편하게 휴식을 취할 때만 할 수 있는 옷차림이다. 겐지이야기에서는 다음과 같은 일화가 소개되었다.

> 昼つ方渡り給へれば、の給つる御衣、御き丁にうち掛けたり。「なぞ、こは奉らぬ。人多く見る時なむ、透きたるもの着るははうぞくにおぼゆる。ただいまはあえ侍なん」とて、手づから着せてたてまつり給。御袴も、きのふのおなじ紅なり。御髪のおおさ、裾などはをとり給はねど、なをさまざまなるにや、似るべくもあらず。
>
> 점심때 쯤 다시 황녀의 처소에 들어보니, 아까 명한 얇은 홑옷이 휘장에 걸쳐져 있었습니다. "왜 이 옷을 입지 않는 것인지요. 많은 사람들이 볼 때는 이렇듯 살이 비치는 것을 입으면 예법에 어긋난다고 할 터이나, 지금은 상관없지 않습니까." 가오루는 이렇게 말하고 손수 황녀에게 옷을 입혀줍니다. 겉 바지도 어제 첫째 황녀가 입었던 것과 똑같은 붉은색입니다. 풍성한 머리칼과 아름답게 퍼진 그 끝자락이 언니에게 뒤지지 않아 보입니다. 허나 역시 사람은 각기 다른 것일까요. 언니를 조금도 닮지 않은 듯합니다.

이 장면은 가오루薫라고 하는 남성이 자신의 아내에게 이야기하고 있는 부분인데, 가오루는 공식적으로는 히카루겐지光源氏의 아들로 되어 있지만, 가시와기柏木와 히카루겐지의 정처인 온나산노미야女三宮 사이에서 태어난 불륜의 아들이다. 그래서인지는 모르나 꽤 내향적인 성격의 소유자이다. 이 가오루가 무더운 어느 여름날, 마음속 깊이 사모하고 있던 온나이치노미야女一宮가 히토에기누와 하카마만을 입은 모습을 엿보게 된다. 가오루의 아내는 온나

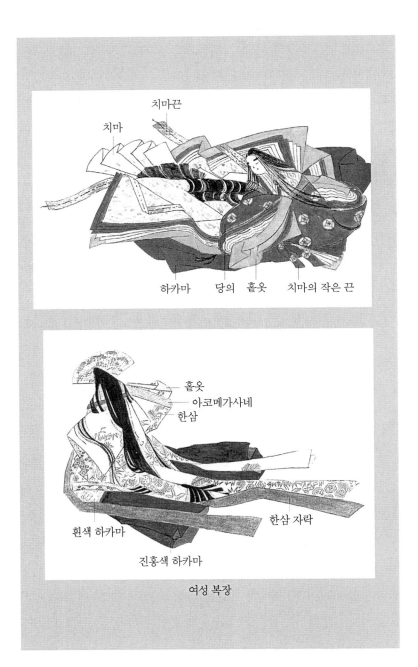

치마끈

치마

하카마　　당의　홑옷　　치마의 작은 끈

홑옷
아코메가사네
한삼

한삼 자락

흰색 하카마

진홍색 하카마

여성 복장

니노미야女二宮이므로, 즉 처형의 은밀한 모습을 보게 된 것이다. 자매 사이라고는 하나, 온나이치노미야와 온나니노미야는 엄마가 서로 다른 황녀들이다. 가오루는 결혼 전부터 온나이치노미야를 마음에 두었지만, 정략결혼에 의해 온나니노미야와 결혼한 터였다. 마음으로부터 동경하던 온나이치노미야의 속옷 차림을 본 가오루는, 좀 이상한 행동이라고 보이기는 하지만, 똑같은 속옷을 지으라고 명령하여 자기의 부인인 온나니노미야에게 입혀보는데, 바로 그 장면이다. 가오루는 자신이 명령하여 지은 속옷을 입지 않고 있는 부인에게 많은 사람들이 보는 것도 아니라며 설득하여 입혀본다. 그러나 똑같은 색의 옷을 입혀 봐도 전혀 다르게 보이는구나 하고 느끼게 되는 것이다.

이렇듯 하카마와 히토에기누는 투명하고 부드러운 실크로 만들어지며 주로 붉은색이다. 그리고 다른 사람에게는 그 모습만으로 노출되어서는 안 되는, 피부에 직접 닿는 제1단계의 속옷인 셈이다.

하카마와 히토에기누 위에는 우치키袿라는 옷을 입게 된다. 헤이안시대의 여성들은 여러 겹의 옷을 입는다는 인상이 강한데, 이 여러 겹으로 겹쳐 입는 스타일을 연출하는 것이 바로 우치키이다.

이 우치키는 버튼이나 끈이 없는 스타일로 그냥 걸친다는 감각

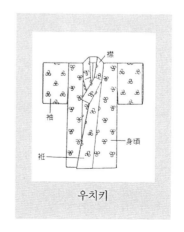

우치키

주니히토에十二単

의 옷이다. 기장이 신장보다 길게 만들어져서 우아하게 끌리는 드레스 감각을 연출한다. 보통 여러 겹을 겹쳐 입는다. 우치키 한 장도 겉감과 안감이 서로 다른 색으로 만들어지기 때문에 자기 자신만의 절묘한 색상 연출을 할 수 있다. 일상생활에서 부담 없는 옷차림이라는 것은 하카마+히토에기누+우치키인 것이다. 속칭인 주니히토에十二単라고 불리는 12겹의 옷이라는 것은 이 우치키를 겹쳐 입는 스타일을 지칭하는 것이다. 꼭 12겹을 입어야 하는 것은 아니고, 추우면 얼마든지 껴입어도 된다. 많을 때는 20겹도 넘게 겹쳐 입었는데, 후대에는 5겹만 입어야 한다는 규정이 나오기도 했다. 아마도 뇨보들의 경우에는 비단옷을 12겹이나 겹쳐 입고 빠르게 일하기는 상당히 힘들었을 것이기에 이런 규정이 나오지 않았을까? 또 한편으로는 이 우치키 위에 더 입어야 하는 옷이 있었기 때문인지도 모르겠다.

우치키 위에 덧입는 스타일의 옷으로는 우치키의 변형이라고 할 수 있는 우와기表着가 있다. 현대 일본어에도 우와기上着라는 표현을 쓰는데, 상의나 겉옷의 감각으로 쓰인다. 어원은 우와기表着에서 유래된 것 같다. 우치키가 우치키內着라는 안에 입는 옷에서 온 표현이기에, 이에 대응되는 우와기는 알기 쉽다. 우치키와 같은 스타일이지만 제일 겉에 입는 용도라는 뜻이다.

그리고 우와기와 우치키 사이에 우치기누打衣라고 하는 또 한 장을 추가하기도 했는데, 색은 선홍색이고, 우치키를 더럽히는 것을 방지하고, 형태를 잡아주기 위한 용도였다. 결과적으로 우치키 시리즈에 해당하는 것으로, 입는 순서는 우치키 여러 겹, 우치기누, 우와기였다.

여기서 한 가지 궁금한 문제가 생긴다. 이렇게 여러 겹의 비단옷을 입고, 도대체 세탁은 어떻게 감당했을까 하는 이야기이다. 사실 이 문제는 헤이안시대의 향수하고도 관련이 있기 때문에 자세한 설명은 차후에 하도록 하겠지만, 각 가문이나 사람의 취향에 따라 향이 나는 나무에서 채취한 재료에 불을 붙여서 그 연기를 비단옷에 쐬었다. 즉, 햄을 훈연하듯이 옷을 훈연한 것인데, 소독은 되었겠지만 더러워진 것이나 얼룩 등은 그대로 남았을 법한 방법이다.

아무튼 여러 겹으로 겹쳐 입는 이 스타일은 각각의 색의 조화를 즐길 수 있다는 장점을 지녀서, 이 시대의 사람들은 본인의 스타일에 굉장히 민감하게 신경을 썼다. 이러한 스타일 중에서도 아주 특이한 스타일을 고수한 재미난 사람을 한번 소개해보겠다. 물론 집안 사정상 그런 차림을 했는지는 모르지만, 지체 높은 집안의 규수로서는 이상한 취향이었던 것으로 묘사된다. 스에쓰무하나末摘花라는 이름으로 불렸던 규수인데, 히카루겐지가 한때 연애했던 아가씨이다.

이 스에쓰무하나의 아버지는 히타치노미야常陸宮라는 친왕親王이었지만, 아버지는 이미 돌아가시고 가세도 기울대로 기운 처량한 신세의 규수였다. 용모가 하도 괴상해서 스에쓰무하나라고 불린 것인데, 깡마른 체구에 (당시에는 오동통한 여지가 미인이었다.) 코끼리같이 긴 코를 가지고 있었는데, 그 코끝이 빨갰다고 한다. 스에쓰무하나란 잇꽃의 다른 명칭인데, 줄기 끝의 꽃을 따서 빨간색 염료를 만든다는 데서 유래한 것이다. 코끝이 빨간 것이 잇꽃을 상징하고, 꽃의 하나花는 코의 하나鼻와 같은 음이기 때문에 붙여진 별명이다. 이 스에쓰무하나는 아주 고가의 담비모피로 만든 우와기를 늘 입었는데, 시베리아에서 잡은 담비모피가 발해를 통해 전해졌다는 기록이 있다. 엔기시키延喜式라는 율령 시행 세칙에 의하면, 산기參議 이상(太政官, 大臣, 大納言, 中納言, 宰相)의 높은 지체의 사람들만 입을 수 있는 옷의 소재였다고 한다. 아마도 스에쓰무하나의 경우는 아버지의 유물로 물려받은 것이리라. 비가 새는 퇴락한 집에 사는 스에쓰무하나는 입을 것이 마땅치 않았을 것이다. 검게 변한 우치키 차림에 검은 담비가죽의 우와기는 역시 화려한 색의 조화를 즐기는 차림새는 아니었을 것이다.

聴し色わりなう上白みたる一襲、なごりなう黒き桂重ねて、表着には黒貂の皮衣、いときよらにかうばしきを着給へり。古体のゆへづきたる御

装束なれど、なを若やかなる女の御よそひには似げなうおどろおどろしき事、いともてはやされたり。

아씨는 옅은 붉은빛 감이 너무도 낡아 표면이 허옇게 보이는 색 바랜 홑옷 위에 색깔조차 알아볼 수 없을 만큼 거무튀튀한 보라색 겉옷을 입고 그 위에는 매끄러운 검은 담비 갖옷을 입고 있습니다. 그 갖옷에는 향이 그윽하게 밴 듯했습니다. 귀족다운 고풍스러운 차림이기는 하나, 역시 젊디젊은 아씨의 옷으로는 어울리지 않으니, 너무 엄숙하다 싶은 인상이 강했습니다.

다음으로 우와기 위에 또 입는 것이 있다. 고우치키小桂와 호소나가細長이다. 고우치키는 이름 그대로 우치키의 작은 형태인데, 위에 스웨터 등을 덧입는 감각으로 활용했다. 우치키보다 사이즈가 작은 것은 우치키의 색의 조화를 밖으로 보이게 하는 효과를 위해서였을 것이다. 그리고 호소나가는 말 뜻 그대로 폭이 좁고 긴 옷으로, 2~4개의 절개선이 있어서 우치키나 고우치키 위에 덧입는 것이었다. 여기까지가 집안에서 생활하는 아씨들이 입는 일상복이었다.

사실 일하는 직업여성 뇨보의 경우는 여기에다 더 입어야 했기에, 정말 힘들었을 것으로 여겨진다. 그것은 바로 모裳와 가라기누唐衣이다. 이것은 격식을 차리는 여성들의 복장이다. 즉, 섬기는 주군 앞에서 섬기는 입장의 아랫사람들은 모와 가라기누의 복장을

호소나가

해야 하는 것이다.

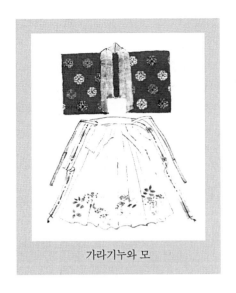

가라기누와 모

그림에서 보이는 바와 같이, 모는 주름 스커트의 반쪽 정도에 띠로 묶을 수 있게 디자인된 것인데, 허리에 묶는 끈(大腰, 小腰) 외에 히키고시引腰라 하여 금박, 은박이나 자수 등으로 아름답게 장식한 끈이 긴 기장의 모와 함께 뒤로 끌려서

여성스러움을 나타낸다. 그러나 일하는 데는 아주 거추장스러웠을 법하다. 그 다음으로 정장용 겉옷으로는 맨 위에 입는 가라기누가 있다. 상반신에 걸치는 짧은 재킷으로 생각하면 되는데, 그림에서 보이는 바와 같이 앞섶의 기장이 뒤쪽보다 긴 것이 특징이다. 모와 같이 입을 때 모의 아름다움을 드러내기 위한 디자인인 것으로 생각된다. 날실과 씨실의 색깔을 달리하여 입체적이고, 우아함이나 광택이 돋보이도록 짠 재킷이다.

그러면 이 모와 가라기누를 입는 것이 상하관계를 어떻게 나타내는 건지, 예화를 들어보도록 하자. 무라사키시키부일기紫式部日記에는 자신의 주군인 쇼시가 황자를 낳았을 때의 묘사가 있다.

御帳のうちにて、殿のうへいだきうつし奉り給ひて、ゐざりいでさせ給

へり。火影の御さま、けはひことにめでたし。赤いろの唐の御衣地摺の
御裳うるはしきさうぞき給へるも、かたじけなくもあはれに見ゆ。大宮
は葡萄染の五重の御衣、蘇枋の御小桂奉れり。

(쇼시의) 처소 안에서 미치나가의 부인, 즉 쇼시의 친정어머니가 (황자를) 받아
안고서 무릎 걸음으로 조금씩 다가서는 등불에 비친 그 모습은, 진정으로 아름다
운 모습이다. 빨간색의 가라기누에다가 지즈리地摺의 모를 말끔히 차려입은 것
도, 과분한 것 같기도 하고 아주 감동적으로 보이기도 한다. 쇼시 황후님은, 연보
라색의 5겹 우치키에다가, 다목의 홍색 고우치키를 입고 계셨다.

이 장면은 쇼시의 친정어머니(미치나가의 부인)가 천황의 대를
이을 황자를 안아보는 장면이다. 쇼시를 낳아준 엄마이지만 일국
의 황후요 황자를 낳은 딸 앞에서 모와 가라기누의 정장차림을 했
고, 딸인 황후는 고우치키까지의 평상복 차림이었다는 내용이다.
딸에게 예의를 차린 교양미가 아름답고도 과분하기도 한 감동을
자아냈다는 것이 요지이다. 이런 신분의 질서가 복장에 나타났고,
이것이 이상적인 것으로 이해되는 분위기인 것이다.

이 외에도 무라사키시키부일기에는 복장에 관한 묘사가 실로
많다. 무라사키시키부가 유난히 타인의 복장에 관심이 많았던 것
으로 보기는 어렵고, 헤이안 귀족들에게 있어서 때와 장소에 맞는
복장은 실로 그 사람의 센스와 교양을 나타내는 단적인 면이었다
고 볼 수 있다. 그래서 복장에 얼마나 신경을 썼는지 모른다. 귀족
의 아내로서의 바람직한 자질을 이야기할 때도, 복장에 관한 재주
가 아주 강조되었다. 겐지이야기의 다음의 인용은, 한 귀족 남자가
자기의 바람기에 질투를 하는 부인을 애태우다가 그 여인이 갑자

기 죽은 것을 안타까워하며 설명하는 장면인데, 염색 솜씨가 뛰어나고 바느질 솜씨가 빼어났던 부인을 추억하는 부분이다.

> はかなきあだことをもまことの大事をも言ひあはせたるにかひなからず、竜田姫と言はむにもつきなからず、たなばたの手にもおとるまじくその方も具して、うるさくなん侍し。(『源氏物語』帚木)
>
> 사소한 취미 때문이건 중요한 일 때문이건 의논을 하기에 득직하고, 염색 솜씨만 해도 다쓰다히메에 비길 정도이고, 바느질 솜씨 또한 직녀에 뒤지지 않을 만큼 빼어난 재주를 갖고 있었는데 말입니다.

물론 귀족의 아내가 직접 바느질을 하고 옷감을 짜고 손수 염색을 했다는 것은 아니고, 하녀나 하인에게 지시하고 감독하는 능력, 즉 가문이나 남편의 직위에 손색없이 교양미 넘치는 스타일을 연출할 수 있는 자질을 말한다. 현대의 우리가 남이 어떻게 보든 상관없이 자기만의 스타일을 연출하는 것은, 헤이안시대의 귀족들로써는 상상도 할 수 없는 일이었다. 와카만큼이나 자신의 모든 것이 드러나는 것이 복장이라고 생각했던 것이다. 계절적으로 적절한 색감과 옷감을 선별했는지, 색의 조화가 월등한지, 옷맵시가 잘 드러나는지 등등 신경 쓸 것이 참으로 많았다. 이렇듯 엄선된 옷차림은 그 맵시를 은근히 뽐내기도 하고 싶은 법이다. 특히 자신의 얼굴이나 신체의 일부가 드러나는 것을 꺼렸던 여성들의 경우는, 타인에게 옷자락이나 소매를 살짝 보여줌으로써 자신의 존재가치를 드러냈다. 이것을 형용하는 단어가 바로 이다시기누出衣와 이다시구루마出車이다. 한국어로 번역하기 참으로 어려운 어휘인데, 발이나 휘장 밑으로 일부러 우치키의 색의 조화나 소매를 보여준다든지, 우차牛車의 발밑으로 옷자락을 살며시 보여주는 것을 말한다. 자신의 매력을 이런 식으로 나타냈던 것이다. 얼굴을 직접 대하고 대화를 나눌 수 없는 시대의 최대한의 자기 어필이었던 것이다.

그러면 이제 복장 외의 귀족들의 멋내기 방법에 대해 알아보자.

헤어스타일과 화장법

헤이안시대의 에마키絵巻를 보면, 호화롭고 치렁치렁한 옷 위에 나부끼는 긴 검은 머리가 퍽이나 인상적으로 다가온다. 여성의 용모의 70%를 좌우하는 것이 헤어스타일이라고 하는데, 헤이안시대의 여성들도 머리손질에 있어서 온갖 정성을 들였다는 것을 알 수 있다. 그렇다고 스타일이 각양각색이었던 것은 아니고, 스이하츠垂髪라고 하는 아주 긴 머리 스타일을 고수했다. 물론 소녀시절인 약 10세까지는 후리와케가미振り分け髪라고 해서 어깨에 닿을 정도의 길이로 유지하는데, 10세 이후에는 그 머리카락을 계속해서 길게 유지한다. 이상한 복장과 외모로 묘사되었던 겐지이야기의 스에쓰무하나도 머리카락만큼은 어느 규수에 뒤지지 않을 정도로 풍성하고 아름다웠다고 하는데 그 길이는 9척 정도, 즉 2미터 70센티 정도였다고 묘사된다. 이렇게 긴 것은 좀 예외라고 해도, 적어도 보통의 여성들도 1미터는 족히 넘었으리라 추측된다. 당시 여인들의 신장이 그다지 크지 않았다는 것을 고려한다면, 앉은 자세에서 의상 끝단 부분까지 머리카락이 나부끼는 에마키의 그림은 너무

머리카락이 나부끼는
여성의 뒷모습

과장된 것만은 아닌 게 분명하다.

좀 과장이 섞인 일화를 손꼽으라고 하면, 무라카미천황의 배우자 호시芳子에 관한 오오카가미大鏡의 머리카락 길이의 묘사 부분이 아닐까?

女御、村上の御時の宣耀殿の女御、かたちをかしげにうつくしうおはしけり。内へまゐりたまうとて、御車に奉りたまひければ、わが御身は乗りたまひけれど、御髪のすそは、母屋の柱のもとにぞおはしける。一筋を陸奥紙に置きたるに、いかにもすき見えずとぞ申し伝へためる。

무라카미천황 치세 때의 호시芳子 뇨고는 얼굴과 용모가 뛰어나게 아름다우셨습니다. 입궐을 하기 위하여 우차에 오르셨는데, 그 몸은 우차에 올랐어도 그 머리카락의 끝자락은 모야의 기둥 근처에 있었습니다. 머리카락 한 가닥을 미치노쿠의 종이에 올려놓았는데, 종이가 빈틈없이 메워졌다고 전해지고 있습니다.

이 일화는 천황의 부름을 받아 입궐하는 호시의 용모를 묘사한 부분인데, 신덴즈쿠리寝殿造 앞에 세워진 우차에 몸이 올라탔는데도 그 머리카락은 아직도 주거처인 모야母屋의 기둥 근처에 있었다는 설명이다. 앞서 귀족의 가옥 구조를 설명했는데, 모야는 안쪽에 있는 주인의 주 거처인 곳이다. 하시시를 거쳐 툇마루와 같은 스노코簀子를 통과하여, 계단인 기자하시階를 내려오는 직선거리를 생각해도 몇 미터는 된다는 뜻인데, 문학 작품 중에 가장 머리가 긴 여인에 대한 묘사가 아닌가 싶다.

물론 머리카락의 기장만이 미의 기준이 되는 것은 아니다. 풍성한 숱도 뒷받침되어야 한다. 마쿠라노소시의 그윽한 멋이 풍기는 것이라는 장단章段에서는 '다듬이질로 광택을 잘 내서 입은 옷 위로 머리가 굽이쳐 흘러내리는 모습을 보면 머리 길이도 웬만큼 길 것이라고 상상이 된다.'는 기술이 있다. 이 외에도 세이쇼나곤은 마쿠라노소시에서 머리카락에 관한 기술을 곳곳에 남겼다. 일설에 의하면 세이쇼나곤 자신은 머리카락 숱에 콤플렉스를 가지고 있었다고도 한다.

사실 이런 풍성하고 긴 헤어스타일을 유지하는 것은 굉장히 손이 많이 가는 일이었다. 귀족인 아가씨가 혼자서 할 수 있는 일은 아니고, 많은 시녀들의 손길이 닿아야만 했다. 머리를 감고 말리는 일은 하루가 꼬박 걸리는 대사였다고 한다. 머리를 감다 라는 표현에는 유수르泔와 카미스마스髮すます가 있는데, 오늘날의 샴푸에 해당하는 것이 유수르이다. 이 유수르는 쌀뜨물 같은 것인데, 쌀을 씻거나 찌거나 할 때 생기는 물이다. 이 유수르는 유수르쓰키泔坏

유수르 용기

라고 하는 그릇에 담아서 썼는데, 은 같은 것으로 예쁜 그림을 그려 넣어 만든 공예품이다. 귀족들은 샴푸용기 하나에도 고급 취향을 가졌던 것이다. 아무튼 현대의 우리들처럼 매일 머리를 감는 건 아니지만, 유수르로 샴푸와 트리트먼트를 하고나서 머리를 말렸는데, 머리카락이 워낙 긴지라 앉아서 말릴 수가 없어서, 누워 있으면 시녀들이 화로나 향을 피우는 향로를 가지고 건조시켰다고 한다. 향을 피우는 것은 머리카락에 자신이나 가문 고유의 향수를 뿌리는 것과 같은 효과를 내었다.

헤이안 귀족 여성들은 외출이 잦지 않았기 때문에 자주 머리를 감을 필요는 없었지만, 빗질은 매일 아주 정성들여 했다고 한다. 현대의 여성들이 행하는 브러쉬와 마찬가지이다. 두피의 혈행을 좋게 하고, 엉키는 것을 방지하고, 먼지를 털어내는 효과가 있는 빗질을 항상 하는 습관을 지녔다. 머리카락이 이처럼 소중했고, 자신 고유만의 향기를 가지고 있었기 때문인지는 몰라도, 사람이 죽었을 때 그 머리카락을 잘라 유품으로 보관하는 예가 많았다.

다음으로 헤이안시대의 화장법에 대해서 알아보도록 하자. 요즈음 한국은 '쌩얼'이라고 하는 스하다비진素肌美人에 온 여성들의 관심이 쏟아지고 있는 듯 보인다. 즉, 점이나 티가 없고, 화장을 안 한 것 같이 하는 것이 대 유행이다. 그래서 원래의 피부를 하얗게

유지하려는 미백이 초미의 관심사이다. 일본도 마찬가지인데, 일본 여성들이 미백을 강조하여 얼굴을 하얗게 하고 입술연지만 빨갛게 그리는 화장이 유행했던 1980년대에, 우리나라는 아직 입체적인 화장이 유행해서 아주 생소하게 느껴졌던 기억이 또렷하다. 일본 속담에는 '얼굴이 하얀 것이 7가지의 단점을 감춘다色白は七難を隠す'라는 표현이 있다. 하지만 도대체 얼굴이 하얗다는 것이 어떤 단점들을 커버해준다는 건지는 명확하지 않다. 불교나 운세학 등에서 말하는 7가지 단점은 제각기이지만, 대략적으로 다음과 같은 단점이라고 한다.

一難 顔立ち良くない(얼굴의 생김새가 좋지 않음)
二難 性格が良くない(성격이 나쁨)
三難 普段の生活良くない(평소 생활이 좋지 않음)
四難 老化(フケ)て見える(나이 들어 보임)
五難 運が悪い(운이 좋지 않음)
六難 色気がない(성적 매력이 없음)
七難 見るからにみすぼらしい(언뜻 보기에도 초라하고 볼품없음)

이러한 대단한 결점들을 감출 정도의 하얀 피부, 바로 이것이 현대의 세계 여성들의 염원이자 헤이안시대 여인들이 일제히 추구했던 아름다움이다. 하지만 헤이안시대 때는 아주 극단적으로 그것을 표현했다. 지금의 우리들처럼 자신의 피부를 고려한 자연스러운 피부 표현이 아니라, 오로지 하야면 좋다는 식으로 보이는 화장법이었다.

얼굴 전체에 지금의 파운데이션 같은 오시로이白粉라는 것을 발랐는데, 납이라든가 쌀가루를 재료로 만든 것도 있었다고 전해진다. 납으로 된 것이 얼굴에 흡착력도 좋고 해서 점점 더 많이 사용되었다고 하는데, 납 중독으로 인한 부작용이 있음에도 불구하고, 조명 시설이 발달하지 않은 헤이안시대에는 어두컴컴한 방에서도 그 하얀 얼굴이 눈에 띄는 이러한 화장법이 행해졌다. 그리고 이 하얀 얼굴에 강세를 주기 위해 볼연지와 입술연지를 발랐다.

여기까지의 화장이 현대의 화장법과 공통된 점이라고 한다면, 헤이안시대만의 아주 독특한 화장법도 존재했다. 그것은 바로 눈썹과 치아에 행하는 화장법이다. 각 시대나 지역에 따라 미의 기준은 천차만별이라서, 어느 지역은 목이 아주 길어야 하고, 어느 시대는 허리가 개미처럼 가늘어야 하는 다양성이 존재하듯이, 헤이안시대는 젖먹이 어린아이 같은 포동포동한 얼굴에 눈과 눈썹과의 거리가 먼 것이 미의 기준이었다. 그러니 원래 자신의 눈썹은 다 밀어버리고, 이마 중간쯤에 눈썹을 그리는 먹眉墨으로 눈썹을 그려 넣었다. 이것을 히키마유引眉라고 칭했다. 대략 여성이 10세 전후일 때부터 그려 넣었던 것으로 보이는데,

히키마유

초승달 같이 그리는 것이 아니라, 꽤 굵게 그려 넣었다. 현대에 와서 이 화장법을 재현한 것을 보면 우리들의 관점으로는 예쁘다고 느끼기가 무척 힘들다. 그래도 고운 피부결의 상당한 미인에게 그려 넣었을 때는 조금 수긍이 가는 정도랄까? 아무튼 검은 송충이 형태라고 상상하면 좋을 듯싶다.

이 히키마유 다음으로 우리를 당황하게 만드는 화장법은 하구로메齒黑め이다. 이는 글자 그대로 치아를 검게 물들이는 것이다. 점차로 이 하구로메는 결혼을 한 여성이라는 상징으로 정착되는데, 헤이안시대에는 성인식을 치른 여성이 하는 화장법이었다. 철을 술이나 식초에 담가서 산화시킨 액체를 치아에 바르는 것이다. 이를 가네鉄漿라고 하는데, 고바이시五倍子라고 하는 검은 염료 같은 것을 넣어서 만들었다. 이 가네를 칠한 것을 상상해보면, 검은 눈썹에 검은 치아, 백지장처럼 하얀 피부이니 좀 무섭기까지 하지만 치아의 건강에는 유효한 요법이었다고 한다.

마지막으로 헤이안시대의 향수에 대해서 설명하고자 한다. 현대의 우리들은 액체로 된 향수를 사용하고 있어, 신체의 일부나 옷자락 심지어는 편지지에까지 각 사람의 센스에 따라 사용한다. 헤이안시대의 사람들도 체취나 향기에 아주 민감했다. 모노가타리物語에 보면 태어나면서부터 좋은 체취를 가졌다 해서 가오루薫라는 이름을 가진 남성도 있고, 이에 대응하여 여러 가지 좋은 향기를 사용한 니오우미야匂宮라는 등장인물도 있다. 이렇듯 남녀 할 것 없이 좋은 향기를 연출하는 것이 헤이안시대에는 아주 중요한 일이었고, 민감한 부분이었다. 지금의 우리들처럼 향수로 만들어 그때그때 용도에 따라 뿌리는 것이 아니었기에 좋은 향을 유지하기 위해서는 의복 전체에 향을 스며들게 하는 좀 복잡한 방법을 사용했다. 이것은 향을 베어들게 하는 효과 외에도 소독 살균의 효과까지 있었다.

먼저, 고보크薰木라는 향기의 원재료가 되는 나무를 분말 상태로 만들어서, 꿀이나 아마즈라甘葛의 즙을 넣어서 반죽하여 환으로 만든다. 이것을 단지에 넣어서 땅에 묻어 숙성시킨다. 고보크는 한 종류를 사용하는 것이 아니고, 두 종류 이상을 브랜드하여 가문 특유의 것으로 만들어낸다. 그러니 사랑하는 이의 의복에서 나는 향과 비슷한 자연의 향을 대한다든가 하면 그리운 그 님을 떠올리게 하는 매개체가 되는 것이 이 향기인 것이다.

이 원료를 가지고, 향로가 들어 있는 히토리모火取母라는 그릇에서 태우는데, 이 위에 종모양의 소쿠리를 얹고 그 위에 의복을 걸쳐놓아서 향이 베게 하는 방법이다. 이렇게 의복 전체에 향이 스며들게 하기 때문에, 사람이 걸어서 지나가도 그 사람 특유의 향은 그 지나간 자리에 감돌에 된다. 이런 여운의 미를 헤이안 귀족들은 마음껏 즐겼다.

이상으로 헤이안 귀족 여성들의 몸치장에 대해 알아봤는

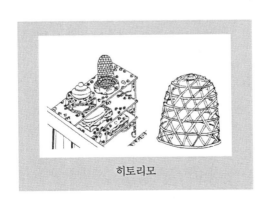

히토리모

데, 마쿠라노소시에는 다음과 같은 서술이 있다. 마음을 두근거리게 하는 것心をときめきするもの이라는 26단에 기술된 것이다.

> 頭洗ひ、化粧じて、香ばしうしみたる衣など着たる。ことに見る人なき所にても、心のうちは、なほいとをかし。
>
> 머리감고 화장하고 진한 향기가 나는 옷을 입는 것. 그런 때는 특별히 보는 사람이 없어도 가슴이 설렌다.

몸치장의 끝마무리는 역시 좋은 향을 내는 데 있었다는 것을 알 수 있다.

3 의외로 소박한 절제된 식생활

헤이안시대의 귀족들은 막대한 경제권을 가진 특수계층이었기 때문에, 좀 더 유별나고 좋은 음식을 먹었던 것은 아닐까 하는 생각이 들지도 모른다. 실제로 헤이안시대의 식재료나 그 조리법에 대한 자료를 얻을 수 있는 『延喜式』[38]나 『和名抄』[39]로부터 거의 현대의 음식문화에 버금가는 식재료와 비교적 발달된 조리법에 대한 정보를 얻을 수 있다. 그러나 일기 등이나 문학 작품에 보이는 음식문화는, 주거문화나 의복문화에 비해 상대적으로 그 묘사가 숫자적으로도 열세이고 또 간결하다. 언뜻 보면, 헤이안 귀족들

---

[38] 「養老律令」의 시행 세칙을 집대성한 고대 법전.

[39] 『和名抄』라고도 함. 미나모토시타고源順編. 承平4年(934)경에 성립. 다이고천황醍醐天皇의 第4皇女 긴시勤子의 의뢰로 작성된 백과사전.

은 먹는 일에 별반 관심이 없었던 듯이 여겨질 정도이다.

헤이안 초기의 귀족들이 당나라의 풍습을 답습하는 식사를 했다는 기록도 남아 있지만, 그것은 특별한 연중행사나 견당사 등의 예방이 있었을 때의 기록이고, 일반적으로는 고대로부터 내려오는 일본풍의 식습관이 행해졌다. 기본적으로 하루에 두 끼의 식사를 했는데, 귀족의 경우 『寬平御遺誠』에 의하면, 아침은 오전 10시, 저녁은 오후 4시쯤에 먹었다고 전해진다. 그러나 아침 일찍부터 일을 하는 하층관리나 서민들은 아침식사 시간이 더 빨랐기 때문에 간식이 필요했다. 그래서 간식을 위한 급료도 책정되었던 것으로 전해진다.

주식은 주로 쌀인데 이것도 귀족들의 경우이고, 신분이 낮은 사람들은 잡곡이 주식이었다. 때로는 현미 등도 주식으로 이용되었다고 한다. 오늘날의 상식으로 판단하자면, 신분이 낮은 사람들이 더 건강한 식생활을 영위했던 것이 된다. 쌀을 먹는 방법으로는, 오늘날의 쌀밥과 비슷한 히메라는 것이 있었고, 특별한 의식 같은 것이 있는 날은 쌀을 쪄서 만든 코와이히強飯를 먹었다. 여행 때는 히메를 건조시킨 호시이히糒를 휴대해서, 이것을 물에 불려 오늘날의 컵라면 같이 먹었다. 물론 물을 많이 넣어 묽게 쑨 죽 종류인 가타가유나 시루가유粥도 있었고, 야채나 잡곡을 넣은 잡곡밥 내지는 죽도 있었다.

가게로일기蜻蛉日記에는 다음과 같은 귀족의 아침 출근 풍경이 나온다.

「をのこどもはまゐりにたりや」など言ひて、起き出でて、なよよかなる
直衣、しれよいほどなる掻練の桂一襲垂れながら、帯ゆるるかにて、
歩み出づるに、人々「御粥」など、気色ばむめれば、「例食はぬものなれ
ば、なにかは、なにに」と心よげにうち言ひて、

잠시 후 가네이에는 "수행원들은 도착했는가?"라고 말하면서 일어나, 부드럽게
몸에 익숙해진 노시에, 딱 알맞게 풀을 매긴 가이내리의 우치키를 몇 장인가 위로
내서 입고 허리띠를 넉넉히 맨 모습으로 천천히 걸어 나왔습니다. 하녀들은 "죽
을 드시지요."라고 권한 모양이나, 그 사람은 "언제나 먹지 않는데 왜 먹겠느냐
필요 없다."라고 기분 좋은 듯 말하고….

아내인 미치쓰나노하하道綱の母가 남편이 기상해서 아랫사람들
과 대화한 내용을 일기로 남긴 것인데, 하녀들이 아침의 가벼운 식
사로 죽을 권하는 부분이 있다. 이것은 정식으로 먹는 아침 식사가
아니고, 간단하고 가벼운 경식을 의미한다. 언제나 습관이 되어 아
침의 경식은 먹지 않고 하루 두 끼만 먹는 가네이에兼家의 식생활
을 엿볼 수 있다.

또한 귀족들은 차려진 음식을 깨끗이 다 먹어치우는 것이 아니
라 조금씩 젓가락을 댄 다음 그것을 치워버리는 것이 항례였다고
한다. 역시 많이 먹는 것은 귀족들의 풍류에 걸맞지 않은 것으로
인식되었을 법하다. 오시키타카쓰키折敷高坏라고 하는 우리나라 제
사 때 사용하는 제기와 같은 그릇에, 다시 금속으로 만든 그릇을
올려놓는 형태로 상을 차렸다.

헤이안시대의 상차림은 미에켄三重県 사이구 역사 박물관斎宮歴史
博物館의 영상자료[40]를 통해 참고로 할 수 있다.

---

[40] IPA「教育用画像素材集サイト」http://www2.edu.ipa.go.jp/gz/

요리의 부재료나 조미료는 현대의 우리들의 먹거리만큼은 아니더라도 제법 다양한데, 육식의 경우는 불교의 영향으로 짐승의 고기獸肉보다는 어류나 조류를 즐겨 먹었다. 가장 많이 사용된 고기는 꿩고기이다. 생선의 경우도 거의가 소금에 절여서 말린 것을 이용했다. 그리고 조미료의 경우에는 소금, 간장, 엿, 된장 등 설탕을 제외하고는 현재와 거의 비슷한 재료들이 존재했다. 된장의 경우는 숙성 과정이라든가 만드는 법이 상이하다고 하지만, 기본적으로 현대의 조미료 종류와 그다지 큰 차이는 없다. 조리하는 방법도, 중국에서 영향을 받은 튀김요리에서부터, 찌는 법, 데치는 법, 절이는 법, 굽는 법 등 아주 다양하게 구사되었다. 요리의 전문가를 호쵸包丁라고 했는데, 반면 귀족들이 심심풀이 삼아 하는 요리도 있었다. 이런 귀족들의 요리는 점점 의식화儀式化되는 경우도 있었다고 한다. 이들 요리는 영양적인 면에서는 지금보다 뒤떨어질지 모르지만, 식기에 모양 좋게 담겨서 눈을 즐겁게 하는 면에서는 귀족의 우아함을 한껏 자아냈다.

음료의 경우는 술이 여러 종류 만들어졌는데 주로 탁주였다. 우유도 먹었는데 이도 끓여서 정제한 끈적이는 우유였다고 전해진다. 버터도 있었지만, 불교의 영향으로 점점 먹지 않게 되었고, 일본을 대표하는 차茶의 경우도, 차 잎을 찧어서 감갈甘葛이나 생강 등과 같이 동글동글하게 환처럼 만들어 끓여먹는 단차団茶가 약용으로 쓰이는 정도였다고 한다.

금강산도 식후경花より団子이라는 속담은 일본에도 있지만, 헤이안 귀족들의 생활모습을 엿볼 수 있는 남겨진 문헌상에서는, 금강

산도 멋내기 후 정도가 될 것이다. 부부가 같이 식사하는 것도 창피하게 생각하는 분위기였던 만큼, 그들의 먹거리는 현재의 우리에게 수수께끼로 남아 있는 요소가 많다. 마쿠라노소시의 다음 장단(여자 집에서 밥 먹는 남자)을 인용하는 것으로 귀족의 식생활에 관한 서술을 매듭짓고자 한다.

宮仕へ人のもとに来などする男の、そこにて物食ふこそいとわろけれ。食はする人もいとにくし。思はむ人の「なほ」など心ざしありて言はむを。忌みたらむむやうに、口をふたぎ、顔をもてのくべき子とにもあらねば、食ひをるにこそはあらめ。いみじう酔ひて、わりなく夜ふけて泊りたりとも、さらに湯漬をだに食はせじ。心もなかりけりとて、来ずは、さてありなむ。里などにて、北面より出だしては、いかがはせむ。それだになほぞある。

궁에 출사한 뇨보한테 찾아오는 남자가 밥을 먹고 가는 것은 정말 꼴불견이다. 먹고 가라고 하는 여자도 여자다. 마치 남자 몸 생각을 많이 하는 듯 "그렇게 말씀하시지 말고 잠숫고 가시지요."라고 애정을 듬뿍 담아서 권해, 도저히 뿌리칠 수 없게 만드는 것이다. 나 같으면 술에 잔뜩 취해서 밤늦게 찾아와 자고 가도, 절대로 물에 만 밥도 안 줄 것이다. 눈치 없는 여자라고 나중에 안 와도 상관없다. 시골집에 내려가 있을 때 몰래 밥을 내주는 것은 어쩔 수 없지만 그런 때도 볼썽사나운 것은 볼썽사나운 것이다.

헤이안 귀족들은 비록 부부 사이일지라도 인간의 기본적인 욕구를 그대로 드러내는 것을 창피하고 볼썽사나운 것으로 간주했다. 현대의 우리들은 친해지려고 같이 식사를 하는데, 우리네들과는 아주 다른 면모가 아닐 수 없다.

4부

가정생활의
이모저모

1 인생의 고비 출산

여인의 일생 속에서 가장 의미 있고 큰 사건을 뽑으라면, 그것은 결혼과 출산이 아닌가 싶다. 그리고 이것은 헤이안시대건 현대건 간에 변함이 없는 듯하다. 결혼에 대해서는 제1부에서 다루었기 때문에, 여기서는 출산에 대해 다루어보고자 한다.

결혼은 남녀 두 사람이 당사자지만, 출산은 아무래도 여성에게 더 비중이 큰 일이다. 의료 기술이 많이 발달한 현대에서조차 출산은 목숨을 걸고 임해야 하는 것으로, 여성의 입장에서는 많은 부담감을 갖게 되는 일대 사건이다. 하물며 약 1000년 전의 출산은, 현대와는 비교도 안될 만큼 목숨을 건 대사업이 아닐 수 없었다. 출산 후 모자가 다 건강한 비율은 너무도 낮았다. 약 5명 중에 1명은 산모가 죽는 시대였다. 전염병도 많았고 건강하게 생활한다는 것 자체가 어려웠던 시대였기 때문에, 출산이란 바로 위험에 노출되는 것을 의미했다.

당시 첫 출산이 이루어지던 나이는 대부분 13~14세 정도로, 현재와 비교해보면 너무 어린 시기였다. 또한 귀족 여성들은 바깥출입을 거의 하지 않아서 운동 부족으로 근력도 약했다. 이런 모든 요소가 출산에 임하는 여성들을 위험으로 내몰았다. 이런 어려운 상황 속에서 여성들은 아이를 낳았는데, 단순히 아이를 낳는다는 의미를 떠나서 가문 일족의 미래나 기대를 그 한 몸에 의탁한 예도 참으로 많았다. 그래서 그 기대와 미래에 부응해야 한다는 스트레스도 상당했으리라고 추측된다.

출산은 출혈을 동반하기 때문에 옛날부터 부정한 것, 즉 게가레 穢れ로 인식되었다. 그래서 일상생활로부터 멀리 떨어진 곳에 임시로 오두막 같은 건물을 만들어 그곳에서 출산을 했다. 우부야産屋라는 말의 유래가 여기서 생겨난 것이다. 헤이안 당시 우부야를 따로 세우지는 않았지만, 우부야라고 하면 출산이 이루어지는 방이나 나중에 거행하는 우부야시나이産養를 가리킨다.

천황의 배우자들은 당연히 퇴궐하여 친정집에서 출산을 맞이하는 일이 많았고, 순산을 위해 출산 전후로 거행되는 의식도 많았다. 지금도 천황 일가가 있는 일본에서는 이 헤이안시대의 출산 의식과 전통이 그대로 전해져 내려와 행해진다. 오유도노노기 お湯殿 の儀41) 같은 경우, 지금의 황태자의 공주 아이코愛子가 태어났을 때

---

41) 신생아를 목욕시키는 의식.

매스컴에 공개되기도 했다. 그렇다고 아이코 공주의 목욕하는 모습이 정말 텔레비전에 나온 것은 아니다. 이 오유도노노기는 아주 형식적인 의례이기 때문에, 흰 천으로 가려진 목욕 공간 밖에서 악령을 퇴치하기 위해 활의 시위를 탕탕 튀기는 장면 등이 공개된 것이었다. 여하튼 이러한 의식은 면면히 이어져 내려왔다.

그러면 출산을 둘러싼 여러 의식들을 중심으로 그 에피소드와 더불어 기술해보도록 하겠다.

복대를 감는 의식 着帯の儀

이는 임신 5개월쯤으로 접어들면 산모의 배에 복대를 두르는 의식을 말하는데, 보온과 태아의 위치를 유지하기 위해 복대를 두르는 것이다. 요즈음 황실에서는 거의 막달에 가까운 9개월 때 이 행사를 거행하는데, 헤이안시대와 마찬가지로 술의 날戌の日에 거행된다. 3미터 정도 되는 실크로 된 천을 감는 것인데, 이 복대는 천황이 며느리인 황태자비에게 보낸다. 절차 상 먼저 궁중의 신전에 바쳐서 순산을 위한 의식을 행한 후 동궁의 처소로 보낸다. 오전에 황태자의 입회 하에 복대를 두르는데, 황태자는 모닝구스가타モーニング姿42) 차림이었고 황태자비 마사코雅子는 헤이안시대의 우치키袿와 하카마袴 차림이었다. 이 의식 후에는 축하오찬을 들고, 천황 부부에게 의식이 잘 행해졌음을 보고하기 위해 고쇼御所라는 처소를 찾는다. 복대를 몸에 감는 것은 옷 위에다 한다는 설과 옷 속

---

42) 연미복 같은 서양식 정장 예복차림.

에다 한다는 설로 나누어지는데, 실제 의식이 TV나 사진으로 공개된 적이 없기에 단정 짓지는 못한다.

그러나 이 복대를 둘러싼 헤이안시대의 에피소드를 보면 옷 위에다 착용했을 가능성도 있으리라 짐작된다. 겐지이야기의 야도리기宿木에 나오는 다음 부분을 살펴보자.

「悩ましげに聞きわたる御心地は、ことわりなりけり。いと恥づかしと思したりつる腰のしるしに、多くは心苦しくおぼえてやみぬるかな。例のをこがましの心や」と思へど、「情けなからむことは、なほいと本意なかるべし。また、たちまちのわが心の乱れにまかせて、あながちなる心をつかひて後、心やすくしもはあらざらむものから、わりなく忍びありかむほども心尽くしに、女のかたがた思し乱れむことよ」

요즘 들어 늘 몸이 좋지 않다고 하였는데, 과연 그럴 만도 하였구나. 작은 아씨가 부끄러워하였던 임신의 징표인 복대를 알아보고, 그것이 마음 아픈 나머지 마음을 돌려먹었으니, 평소 같으면 나 자신을 얼빠진 남자라 생각하였을 터인데, 상대를 무시하고 강압적인 태도를 취하는 것은 역시 나로서는 원치 않는 일이었다. 더구나 그 자리에서 자신의 격정에 휘말려 무례한 행동을 취하였다면, 앞으로는 가벼운 마음으로 만날 수도 없을 터이니, 그리되면 은밀히 드나들며 밀회를 거듭하는 것도 힘겨운 일이지. 또 그렇게 되면 작은아씨와 니오우미야 사이에서 얼마나 마음고생이 심하랴.

가오루薫라는 남성은 우지宇治라는 곳에서 오오이기미大君와 나카노기미中君(작은아씨)라는 자매와 만나게 되는데, 오오이기미 쪽에 마음이 쏠리게 된다. 그러나 오오이기미는 죽게 되고, 그 동생 나카노기미는 가오루의 친구인 니오우미야匂宮와 결혼하게 된다. 나카노기미는 결혼할 때, 후견인인 아버지도 세상을 뜬 상태라 불안정한 입장이었다. 가오루는 그런 나카노기미의 후견인 같은 입장이 되는데, 나카노기미가 자신이 연모했던 오오이기미를 닮은지라 연정을 품고 나카노기미에게 다가가게 된다. 그러나 가오루가 워낙 고지식한 성격인지라 두 사람 사이에는 아무 일도 없었다. 그 이유로 등장하는 것이 복대이다. 가오루는 복대로 인해 나카노기미가 니오우미야의 아이를 임신한 사실을 알게 된다. 즉, 복대가 남성의 유혹으로부터 나카노기미를 지켜낸 것이다. 이런 상황을 고려한다면, 복대가 옷 위에 감겨졌을 가능성도 충분히 있다고 보인다.

출산과 후산

헤이안시대의 출산은 기본적으로 앉아서 하는 출산이었다. 그래서 임부를 뒤쪽에서 지탱하는 사람과 옆에서 보조하는 사람이 붙어 있었다. 그리고 신생아를 꺼내는 사람과 더러워진 물건을 처리하는 하녀가 몇 명 정도 대기했다. 지금의 병원에서의 출산과 별로 다르지 않게 5~6명으로 팀이 형성되었던 것이다. 현재와 가장 다른 이색적인 장면이라면 역시 출산하는 방 주변에서 순산을 위해 행해지는 가지기도加持祈禱일 것이다. 이 기도 소리와 염불 소리로 인해 출산 당시 꽤 소란스러웠을 것으로 짐작이 간다. 당시에는 임부의 순산을 방해하는 것이 유해한 바이러스가 아니라 모노노케物の怪였다고 생각했기 때문에, 이 모노노케가 임부에게 씌는 것을 막기 위하여 가지기도가 행해졌고, 활의 현을 탁탁 울리는 쓰루우치弦打ち라든가, 쌀을 뿌리는 우치마키散米 등이 행해졌다. 부정을 타면 소금을 뿌리는 우리나라의 관습과 비슷한 이치이다.

또한 산실은 청결을 상징하는 하얀색으로 통일해 꾸며졌다. 산실의 세간이나 임부와 출산 보조자들이 입는 옷도 온통 하얀색이었다. 무라사키시키부일기紫式部日記에는, 미치나가道長의 딸 쇼시彰子가 이치죠천황一条天皇의 아들을 낳는 장면이 섬세하게 묘사된다. 쇼시가 출산을 하기 위해서 옮겨지는데, 그 방의 설비를 하얗게 바꾼 이후 하얀 침대로 옮겨졌다고 나온다.

> 十日の、あだほのぼのとするに、御しつらひかはる。白き御帳にうつら
> せ給ふ。
> 9월 10일 아직 날이 조금 밝았을 때, 출산하는 방의 설비가 바뀐다. 중궁은 하얀
> 침대로 옮겨진다.

이것이 바로 출산을 위한 본격적인 방의 세팅이다. 이러한 하얀색의 옷과 설비는 출산 후 8일째 해제되어, 이후부터 유색의 것을 입고 사용할 수 있게 된다.

이렇게 세팅된 방에서 이루어지는 출산 과정 중에서, 헤이안시대에는 후산後産에 꽤 신경을 썼다. 혼신의 힘을 다해 태아를 출산한 후, 체력이 기진하여 후산에서 산모가 죽는 예가 종종 있었기 때문이다. 세이쇼나곤清少納言이 모시던 데이시定子도 이때 다량의 출혈로 죽었다. 그래서인지 몰라도 마쿠라노소시枕草子의 초조-안달 나는 것이라는 단에는 출산 후 후산이 없는 것에 대해 언급했

다.

헤이안시대의 의학서 이신호医心方에서는, 태아를 싸고 있는 막과 태반이 나오는 후산이 잘 이루어지지 않을 때의 치료법으로 돼지의 지방을 많이 복용한다든지, 활의 시위를 물에 끓여 마신다든지 하는 방법들이 열거되었다. 그리고 태반의 처리에 있어서도 땅에 묻는 등 여러 가지 방법이 행해진 것으로 나온다.

이러한 일련의 조치 속에서 당시의 여성들은 생명을 걸고, 때로는 일족의 번영과 영화에 대한 책임이라는 스트레스 속에서 출산을 했다. 현대로 들어와 의학이 발달했다고는 하지만 분명 출산과 육아는 힘든 일이고 그만큼 위대한 일이다. 그러니 출산과 육아라는 위대한 일을 해내는 여성들은, 헤이안시대의 귀족 여성들처럼 사회에서 극진히 대접받을 필요가 있다고 생각한다.

출산 직후 바로 이어지는 의식들

무사히 출산이 끝나 모자가 다 건강한 경우, 이는 정말 축하할 만한 일로 주위의 사람들에게도 큰 기쁨이 된다. 헤이안시대에는 이 기쁨을 나누고 축하하는 여러 가지 행사가 행해졌다. 현대의 우리들은 너무 바쁘기도 하거니와, 어쩌면 겉치레와 같이 느껴지는 행사는 생략하고 자기의 스타일대로 축하를 하는 경향이 있는데, 시대를 거슬러 올라가면 갈수록 우리의 선조들은 중요 행사나 절기에 참 충실했던 것 같다.

헤이안시대의 출산을 둘러싼 축하 행사를 살펴보면, 아직 신생아는 너무 어리고 산모는 건강도 다 회복하지 못했는데 무슨 행사가 이리도 이어지나 하는 느낌이 들 정도이다. 출산 후 100일이 될 때까지 근신하면서 외부인의 출입과 방문도 자제했던 우리네와는 다르게, 헤이안 귀족들은 의식과도 같은 행사를 즐겼다.

먼저 이와이노쯔루기祝いの劍를 들 수 있겠다. 이와이노쯔루기는 천황의 아들이 태어난 경우에만 해당하는데, 미하카시御劍라고 하는 칼이 궁중으로부터 보내져 도착하는 것이다. 그 다음은 호조노오臍の緒인데, 글자 그대로 탯줄을 자르는 일이다. 주로 대나무 칼로 잘랐고, 신생아 쪽에 탯줄을 좀 더 길게 남겼다고 한다. 무라사키시키부일기에 등장하는 쇼시의 출산 때에는 친정엄마인 린시倫子가 탯줄을 잘랐다.

다음으로는 지쓰케乳付け를 들 수 있다. 아기가 태어났다 해도 젖이 돌아서 먹일 수 있을 때까지는 대략 3, 4일이 걸린다. 이 시기의 신생아에 대한 처치는 나라와 고장에 따라 각각 다르다. 현대의 일본에서는 포도당을 먹이는 경우도 있고, 한국 같은 경우는 조제 분유를 먹이기도 하지만, 출산 후 4시간이 지나면, 그 어떤 경우라도 엄마의 젖을 빨린다. 아기에게는 젖을 빠는 연습을 시키는 것이고, 산모 쪽에서 보면 젖이 빨리 돌도록 유도하는 것이다. 이렇게 신생아에게 엄마의 젖을 처음 물리는 의식이 바로 지쓰케이다. 헤이안 귀족들은 의식화하는 데에 있어서는 천재들이다. 본능에 가까운 일이며 또 당연히 해야 하는 수유 행위마저도 정성을 다해, 의미를 부여하여 행사로 만들어버린다. 이 지쓰케는 진짜로 모유를 먹이는 것이 아니라, 아기의 입 안을 깨끗이 하고 약 같은 것을

먹인 다음, 형식적으로 젖을 물리는 의식이다.

사실 귀족이나 황가의 자제가 자신의 친모의 젖을 먹는 경우는 거의 없다. 대신 유모의 젖을 먹는다. 현대 의학이나 건강 상식 면에서 바라보면 혀를 찰 노릇임에 틀림없다. 태어난 아기에게 가장 잘 맞는 모유를 먹이지 않는 것은 아이 건강에도, 그 모친에게도 좋지 않은 일이다. 그러나 그럼에도 그들은 직접 젖을 물리는 행위를 하지 않았다. 막 태어난 아기에게 젖을 주는 일은 참으로 힘든 일 중 하나이다. 엄마와 아이가 서로에게 익숙해지기까지 많은 노력이 필요하고, 물론 모유 수유를 실패하는 예도 많다. 또한 출산으로 지친 엄마가 잠도 제대로 못자면서 힘든 몸으로 수유하는 것은 겪어보지 않은 여성은 상상도 하지 못할 만큼 힘든 일이다. 그러니 귀하신 몸인 왕후나 귀족의 여성들이 할 일은 아니라고 생각했을지도 모른다. 아무튼 아이들은 유모의 젖을 먹고 자랐고, 대부분의 귀족 여성들은 자신의 자식에게 젖을 먹이는 행복감을 맛보지 못했다.

지쓰케 다음으로 행해지는 것이 앞서 설명한 바 있는 오유도노노기お湯殿の儀이다. 이것은 목욕을 형식화한 행사라고 이미 설명했다. 이 행사는 하루에 두 번씩, 7일간이나 이어진다. 길흉을 점쳐 좋은 날을 골라 행하며, 좋은 방향, 즉 길한 방향吉方의 우물에서 길어온 물을 사용한다. 물을 끼얹는 오유도노お湯殿의 역할과 상대역인 물을 뒤집어쓰는 오무카에유御迎え湯의 역할은 뇨보들로 구성된다. 이때 활시위를 울린다든지, 어려운 중국 서적을 낭송한다.

여기까지가 태어난 아기의 생존과 관련된 격식 차린 이벤트라고 한다면, 우부야시나이産養라고 하는 행사는 출산을 기뻐하는 친척과 친지들이 활약하는 행사이다. 일종의 파티라고 생각하면 되는데, 출산을 축하하는 파티가 3일, 5일, 7일, 9일 밤에 열렸다. 이를 통틀어 우부야시나이라고 하며, 7일 밤의 파티가 가장 성대했다. 초대된 친지들은 산모의 의복이나 아기의 기저귀, 떡, 팥을 넣은 찰밥 등의 선물을 주며 축하를 나눈다. 이 우부야시나이는 태어난 아기의 정치적 백그라운드가 되어줄 후견인이 주최하는 예가 많으며, 이로써 아기를 둘러싼 정치적, 사회적 분위기가 형성된다.

50일째의 축하연

아기가 태어난 지 100일째 되는 날 이웃과 떡을 나누고 축하하는 우리나라와 같이, 헤이안시대에는 50일째 되는 날 축하연五十日の祝い을 벌였다. 물론 길흉을 점쳐서 진행하기 때문에 꼭 50일째가 아니기도 했다. 여하튼 이날은 태어난 아기에게 떡을 물리는 행사를 한다. 그렇다고 아기에게 진짜로 떡을 물리는 것은 아니고, 미음에 넣어서 으깬 떡 조금을 아기의 입에 대는 정도이다. 이때 사용되는 그릇은 모두 앙증맞고 귀여운 것들이다. 그리고 이 축하연은 아기의 외조부 또는 아버지가 주최한다. 또한, 떡은 50일에 맞추어 50개를 준비한다.

의식은 밤에 이루어지는데, 엄마와 아기에게 밥상이 차려지고 아버지나 외조부가 아기를 길한 방향으로 향하게 한 다음, 버드나무로 만든 젓가락으로 아기에게 떡을 살짝 물린다. 먹이는 흉내만

내는 것인데, 이 의식의 의미는 민속학적인 해석이 가능하다. 일본에서는 정월, 혼인, 또 음력 10월의 첫 해일亥日, 해시亥時에 떡을 먹는다. 축하할 일이 있을 때나 병이 없고 건강하길 기원하기 위해서 떡을 먹는데, 이것은 쌀에 대한 신앙, 즉 이나다마신앙稲霊信仰에 근거한다. 이 이나다마신앙이라는 것은, 한 톨의 쌀에서 많은 열매가 맺히는 그 생명력을 숭상하는 것이다. 이 생명력이 머무는 쌀에 신의 힘이 있다고 생각한 것이다. 이러한 쌀로 떡을 만드는 것은 이나다마를 형상화한 것이고, 이를 먹음으로써 그 생명력을 체내에 받아들인다는 의미이다.

버드나무로 만든 젓가락을 사용하는 것은, 버드나무는 봄에 가장 먼저 싹을 틔우는 식물로 생명력 부활의 상징이기 때문이다. 고대 중국에서는 마귀를 쫓기 위한 것으로도 사용되었다고 한다. 이런 영력을 가진 식물로 젓가락을 만들어 사용함으로써 먹는 이의 건강을 기념한 것이다.

즉, 50일 축하연의 이러한 의식은, 떡과 버드나무의 생명력의 영향을 받아 갓 태어난 아기가 건강하게 자라주길 바라는 마음에서 베풀어지는 것이다. 그리고 축하연인 만큼, 친척과 친지들이 초대되고, 아기를 축복하는 의미로 여러 가지가 세심하게 준비된다. 예를 들면, 겐지이야기의 가오루薫의 경우 본인이 연정을 품었던 나카노기미가 결혼을 하여 아들을 낳자 그 아들의 50일째 축하연을 후견인처럼 준비하는데, 그 모습이 다음과 같이 묘사되었다.

宮の若君の五十日になりたまふ日数へ取りて、その餅の急ぎを心に入れ

て、籠物、桧破籠などまで見入れたまひつつ、世の常のなべてにはあら
ずと思し心ざして、沈、紫檀、銀、黄金など、道々の細工どもいと多く
召しさぶらはせたまへば、我劣らじと、さまざまのことどもをし出づめ
り。

가오루는 니오우미야의 어린 아들이 태어난 지 오십 일이 되는 날을 손꼽아 기다
리며 축하의 떡을 준비하는데 열심입니다. 상자와 노송바구니까지 하나하나 점
검합니다. 그저 평범한 것으로 만족하지 못하니, 침, 자단, 은, 금 등 그 분야의 장
인들을 다수 불러들여 만들도록 합니다. 장인들은 내 재주가 최고라는 듯 온갖 기
술을 다 부려 다양한 물건을 만들어냅니다.

떡 준비부터 시작하여 소쿠리 같은 바구니나 음식을 담는 도시
락 재료까지 신경 쓰고, 세상 사람들이 하는 것보다 월등하게 좋게
치르려는 일념에 자단, 침향나무 같은 향목과 금, 은들을 세공하는
장인들을 모아들여 여러 가지 물건들을 만들게 한다. 어떤 물건들
을 만드는지도 무라사키시키부일기에 나온다.

小さき御台、御皿ども、御箸の台、洲浜なども、雛遊びの具と見ゆ
작은 밥상 같은 받침대, 접시, 젓가락을 놓은 대, 스하마라는 장식 공예품 등이 세
세하게, 소꿉장난하는 듯한 각양각색의 물건들이 만들어진다.

그리고 이 50일의 축하연을 일본어로 발음할 때 이카노이와이五
十日の祝い라고 읽는데, 이 '이카'라는 발음의 가케고토바掛詞를 살
려 축하의 노래를 부르곤 했다. 다음에 소개되는 노래는 무라사키
시키부가 미치나가의 딸 쇼시彰子가 낳은 아들의 50일 축하연에서
읊은 노래이다.

いかにいかがぞかぞへやるべき八千歳のあまりひさしき君が御代をば
도대체 어떻게 해서 다 셀 수 있겠습니까? 몇 천 년 같이 너무도 오랠 당신의 치세
를

쇼시의 아들인 아쓰히라친왕敦成親王의 50일 축하연 때의 일이
다. 당대의 최고 정치 권력자인 미치나가에게 외손자가 생긴 것이
다. 딸 쇼시를 천황의 배우자로 들여보내고 아들을 낳기를 기다리
던 중의 경사이다. 이제 외손자의 후견세력으로 득세하여 천하태
평을 누리는 장래가 보장되기에 이른 것이다. 그러니만큼, 이 축하
연은 대대적으로 미치나가의 주최로 열렸다. 축하 분위기가 무르
익어 남자들은 술에 취하고, 연회장 안이 소란스럽게 흥청망청할
즈음, 무라사키시키부는 사이쇼노기미宰相の君라는 친구 뇨보와 함
께 소란스러운 연회 분위기에 휩쓸리지 않으려고 도망갈 궁리를
한다. 그래서 미쵸다이御帳台(침대) 뒤에 숨었는데, 그 모습이 미치
나가의 눈에 띄어 붙잡히게 된다. 미치나가는 무라사키시키부에게
와카和歌를 지으라고 졸라댄다. 이에 무라사키시키부는 '이카'라는
발음의 가케고토바를 살려 새로 태어난 황자의 앞날을 축복하며,
황자의 앞길이 셀 수 없을 정도의 세월로 또 그 치세로 이어지길
바란다는 내용의 약간 과장이 심한 노래를 읊었다.
　이렇게 50일의 축하연은 정성 어린 준비와 하객들의 축하로 성
대하게 치러지는, 태어난 아기의 건강과 장수를 비는 행사였다.

2 아이들의 교육 방법

부모와의 유착 확률이 낮은 육아법

출산 항목에서 잠깐 다루었듯이, 태어난 아기는 친모의 모유를 먹지 않는다. 귀족들에게 모유를 먹이는 일은 상스러운 일로 치부되었기 때문이다. 이로 인해 태어나는 아기 한 명 한 명에게 각각의 유모가 있었다. 즉, 육아의 책임이 현대와 같이 엄마 한 사람에게 집중되지는 않는다는 것이다. 다음의 노래는 막내딸의 유모에 대해서 부부가 주고받은 노래이다.

乳母せんとてもうで来たり女の乳の細う侍りければよみ侍りける
　　　　　　　　　　　　　　　　　　　　　　　大江匡衛朝臣
はかなくも思ひけるかなちもなくて博士の家の乳母せんとは
　　　返し　　　　　　　　　　　　　　　　　　　赤染衛門
さもあらばあれ山と心しかしこくはほそぢにつけてあらす許ぞ
　　　유모를 하겠다고 온 여자의 젖이 양이 적고 잘 안 나와서, 그것을 보고 지은 노래
　　　　　　　　　　　　오에노 마사히라노아손
미덥지 못하다고 생각합니다. 젖이 잘 나오지 않는 박사 가문의 유모를 고른 것이
　　　답가　　　　　　　　　　　　　아카조메에몬
할 수 없습니다. 일본인 고유의 지혜나 재능이 있다면, 적은 지혜가 있다는 이유로 유모로 둘 뿐입니다.

고슈이와카슈後拾遺和歌集[43])에 나오는 이 증답가贈答歌는 유모를

---

43) 八代集중의 네 번째인 勅撰和歌集.

고르는데 의견이 엇갈린 부부의 대화 내용을 잘 대변해준다. 젖의 양이 적더라도 출신 가문이 좋고 지혜로운 유모가 좋다는 모친의 의견은 시사하는 바가 크다. 유모는 단순히 젖을 물리고 기저귀를 갈고 밤 새 우는 아이를 달래주는 정도의 존재가 아니고, 아기 양육에 있어서 큰 비중을 차지하기 때문에 똑똑하고 지혜로운 유모를 구해야 한다는 것이다. 딸아이의 경우 결혼을 해도 유모가 같이 붙어 있는 경우가 많았고, 아들일 경우 그 아들의 성교육을 유모가 담당했다는 기록도 보인다. 이렇게 부모 외에도 아이에게 영향력이 있는 존재가 더 있었기 때문에, 상대적으로 부모의 영향력이 줄어들 수밖에 없었다.

한편 이 유모의 존재뿐만 아니라, 귀족 가정에 고용된 뇨보들은 자녀들의 교육을 직접적으로 담당하는 역할을 했다. 앞서 제1부에서 귀족 아씨들의 소양에 대해서 알아보았는데, 이들의 교양을 높이기 위해 노래면 노래, 악기면 악기 하는 식으로 엄선된 가정교사, 즉 뇨보들이 늘 붙어 있었다. 귀족의 자제가 연애를 하거나 할 때 서로를 애써 이어준다든가, 교양미를 최대한으로 과장시키는 데는 뇨보들의 공로가 컸다.

그러므로 헤이안시대의 자녀교육은 공교육이 아닌, 가정에서도 팀워크로 이루어진 교육이라 할 수 있다. 자녀교육의 거의 대부분이 가정에서 이루어진 헤이안시대의 성격을 고려할 때, 각 가정가정이 크고 작은 팀을 형성하여 그 가문이 지향하는 개성 있는 교육을 행했으리라고 판단된다.

훌륭한 공무원을 만들기 위한 코스

잠시 여성들의 교육에서 눈을 돌려 남성들의 교육 과정도 살펴보기로 하자. 남성의 경우 여성과는 달리 한학이나 한문의 지식이 필수로 요구되었다. 현대의 초등학생의 나이와 비슷한 7세가 되면, 후미하지메読書始라고 해서 중국 서적을 읽기 시작한다. 히카루겐지의 경우도, 무라사키시키부의 남동생의 경우도, 아버지에게 직접 배우는 모습이 나타난다. 보통 이렇게 각 집안에서 배우고 익히는 것이 일반적이다. 그렇다고 지금의 공교육 같은 것이 전혀 존재하지 않았던 것은 아니다. 히카루겐지는 자신의 아들 유기리夕霧를 다이가쿠료大学寮라는 곳에 보낸다. 자신과는 다른 교육과정을 거치게 하기 위한 노력이었다.

四位になしてむと思し、世人も、さぞあらむと思へるを、「まだいときびはなるほどを、わが心にまかせたる世にて、しかゆくりなからむも、なかなか目馴れたることなり」と思しとどめつ。浅葱にて殿上に帰りたまふを、大宮は、飽かずあさましきことと思したるぞ、ことわりにいとほしかりける。

겐지는 어린 아들을 처음에는 4위로 정하려 하였고 세상 사람들도 그리할 것이라고 여겼는데, 아들이 아직 어린데다 아무리 마음대로 휘두를 수 있는 세상이라지만 자식을 높은 자리에 덜컥 올려놓는 것이 오히려 예사로운 일은 아니지 않은가 싶은 생각에, 4위로 올리는 것을 그만두기로 마음먹었습니다. 손자가 6위의 예복인 옥색 포를 입고 궁중으로 돌아가는 모습을 보고 외조모는 겐지의 처사에 너무하다며 몹시 불만스러워하니, 이 또한 당연하고도 정말 안 된 일이지요.

이 이야기는 유기리가 성인식을 치렀을 때의 이야기이다. 유기리는 히카루겐지와 대단한 가문인 아오이노우에葵上 사이에서 태어난 아들이다. 비록 엄마인 아오이노우에는 일찍 죽었지만, 그의 후견세력인 외조부와 외삼촌은 건재했다. 그래서 어릴 적부터 외가에서 길러온 것이다. 또한 대신大臣인 아버지가 있기 때문에 성인식을 치르면서 받게 되는 계급은 4위位나 5위가 된다. 처음에는 히카루겐지도 4위 정도로 하려고 생각했는데, 결국 세간의 예상을 뒤엎어 6위로 내렸다. 이렇게 6위로 한 것은 유기리를 다이가쿠료에 보내기 위한 처사였다. 외조모는 이 소식을 듣고 놀라면서, 한편으로는 불만스럽게 생각했다. 불만을 나타내는 장모에게 히카루겐지는 다음과 같이 자신의 교육관을 토로한다.

高き家の子として、官位爵位心にかなひ、世の中盛りにおごりならひぬれば、学問などに身を苦しめむことは、いと遠くなむおぼゆべかめる。戯れ遊びを好みて、心のままなる官爵に昇りぬれば、時に従ふ世人の、下には鼻まじろきをしつつ、追従し、けしきとりつつ従ふほどは、おのづから人とおぼえて、やむごとなきやうなれど、時移り、さるべき人に立ちおくれて、世衰ふる末には、人に軽めあなづらるるに、取るところなきことになむはべる。なほ、才をもととしてこそ、大和魂の世に用ゐらるる方も強うはべらめ。

공달로 태어나 뜻하는 대로 어려움 없이 승진을 하다보면 세상의 권세를 거머쥐었다 우쭐하여 거들먹거리기 일쑤이니, 그렇게 된 연후에는 학문을 하겠노라 고생을 하고 싶어 하지 않는 법입니다. 노는 것만 터득하였는데 고위고관으로 승진한다면, 시류에 흔들리는 세상 사람들은 속으로는 바보 취급하면서도 겉으로는 비위를 맞추고 따르게 될 것입니다. 그나마 그럴 때는 한몫하는 인물인 듯 여겨지기도 하고 당당하게 지내는 듯 보이기도 하나, 세월이 바뀌어 의지할 사람이 먼저 세상을 뜨면 하루아침에 영락하여, 사람들에게 경멸을 당하여도 의지할 사람 하나 없는 비참한 신세가 되고 맙니다. 사정이 그러하니, 만의 하나 그런 때에도 학문의 기초가 훌륭하게 다져져 있다면 실무에도 응용할 수 있고 정치가로서의 능력도 유감없이 발휘할 수 있을 것 아니겠습니까.

여기서 관직위계官職位階라는 것은 직업(관직)과 명예(위계)를 말한다. 당시는 이렇게 두 가지가 한 세트로 되어 사람의 입장을 나타냈다. 그리고 부모의 신분이 높으면 그것을 물려받는 일도 가능했다. 그러면 자연히 그 자녀는 경쟁 같은 것은 생각지 않고 자신의 노력을 기울이지 않게 된다. 이런 이유에서 학문을 자신의 것으로 만들려는 노력을 하지 않는 것은 아닐까 염려한 끝에 이러한 결론을 내렸던 것이다. 히카루겐지의 교육관을 보면, 마음의 작용의 기초로 학문을 들고 있다. 세상에서 인정받는 실적, 즉 사회에서 일을 할 수 있는 것도 근본에 학문이 있기 때문이라는 것이다. 그래서 히카루겐지는 아들에게 학문을 시키기 위해 다이가쿠료라는 곳에 보낸 것이다.

그러면 다이가쿠료라는 곳은 어떤 학교일까? 이는 시키부쇼式部省 소속의 관리 양성 기관이다. 입학 자격은 다음과 같다.

· 5위 이상의 자손
· 문필 직무에 종사하는 씨족의 혈통을 이은 사람의 자녀
· 특별히 입학을 희망하는 6위에서 8위의 자제

학생의 나이는 13~16세이고, 9년간 재학해서 졸업을 못하면, 퇴학이었다. 물론 10세기에 들어서면, 신분과 연령의 제한이 없어지고, 6위 이하의 자제에게는 입시라는 관문이 적용되었다. 아울러 다이가쿠료의 조직과 커리큘럼도 시대에 따라 변해가지만, 대강 다음과 같이 정리할 수 있다.

- 기덴도紀伝道 : 몬죠文章道도라고도 부른다. 중국의 사서인 사기史記 등의 역사와 시집인 몬젠文選 등의 문학, 한시漢詩의 작문.
- 묘교도明経道 : 논어 등의 유교 고전.
- 묘보도明法道 : 율법 관계
- 산도算道 : 산술算術

이상의 교과 중에서 기덴도는 다른 과목들을 압도했다.

학생의 정원은 400명이다. 역시 전 과정을 이수하려면 시험을 치러야 했는데, 다음과 같이 진행된다.

- 일반 학생→료시寮試라는 시험을 쳐서 기몬죠생擬文章生이 됨.
- 기몬죠생擬文章生→쇼시省試라는 시험을 쳐서 몬죠생文章生이 됨.

료시는, 사기史記 등의 역사서를 주석 없이 읽는 것이고, 쇼시는 한시의 작문이다. 이와 같은 시험에 합격하는 것은 꽤 어려운 일이었다. 료시와 쇼시 각각 20명씩만 뽑았기 때문이다. 유기리는 히카루겐지의 기대를 저버리지 않고 료시에 합격한다. 히카루겐지의 엄격한 교육방침이 유기리에게는 유효했던 것이다.

3 분별이 애매한 이혼

헤이안시대의 결혼 과정에 대해서는 제1부에서 알아보았기 때문에, 본 장에서는 결혼의 영위 과정과 이혼에 대해서 살펴보기로 하겠다.

여성에게 부담이 큰 결혼

헤이안시대는 다처혼多妻婚에 가요이콘通い婚이라고 했다. 기본적으로 남편이 찾아오는 형태였던 것이다. 남편들은 여러 곳에 부인을 두었고, 부인 입장에서는 당연히 자신만을 찾아주기를 원했다. 이러한 결혼 형태가, 헤이안시대 중기에 접어들면서는 동거하는 형태도 나타나기에 이른다. 즉, 우위를 차지하는 정처의 개념이 생겨난 것이다. 이를 기타노가타北の方라고 일컬었다. 기타노가타란 북쪽에 사는 사람이란 의미로, 부부가 같이 사는 집인 기타노타이北の対에 기거하는 사람임을 뜻한다.

부부가 같이 사는 집은 보통 여성 쪽에서 부모로부터 물려받는데, 그렇지 못한 경우에는 남자가 집을 마련하여 그쪽으로 옮겨간다. 특히 이 부방거주의 경우 그 부인을 기타노가타로 불렀다. 하지만 그것도 결혼 초기에는 기타노가타라고 잘 부르지 않고, 자식을 낳고 어느 정도 안정된 상태에서 불리는 경향이 보인다.

먼저, 여성 쪽의 부모로부터 집을 물려받아 동거하는 예로 미치나가道長와 그 부인 린시倫子의 경우를 살펴보겠다. 미치나가는 결혼 초기에 장인 소유의 쓰치미카도 저택土御門第에서 거주했고, 이후에는 그들의 딸인 쇼시彰子에게 이 집을 물려준다. 이렇게 여자 쪽에서 거처가 제공되는 처방거주의 결혼 형태에서는 일정 기간 처가의 양친과 동거를 하다가, 이후에는 처의 부모가 다른 곳으로 옮겨간다는 것을 알 수 있다. 린시의 부모도 미혼의 아들을 데리고 이치죠덴一条殿이라는 곳으로 이사를 간다.

그러면 만약에 결혼한 여성 측의 경제력이 뒷받침되지 못하는 경우에는 어떻게 될까? 가장 비참한 경우는 남편이 다른 부인에게로 떠나버리는 것이고, 다행인 경우는 남편이 그 부인을 정처로 삼고 싶어 하여, 남편 쪽에서 거처를 마련해 살게 하는 것이다.

> さて年ごろふるほどに、女、親なく、頼りなくなるままに、もろともに
> いふかひなくてあらむやはとて、河内の国、高安の郡にいき通ふ所いで
> きにけり。
> 그 후 몇 년이 흐르는 사이에 여자 쪽은 부모가 돌아가셔서 사는 것도 힘들어져,
> 남자는 이 부인과 함께 있으며 가난하고 비참하게 있어도 좋은가 하는 생각에 가
> 와치 고장의 다카야스라고 하는 마을에 새로 부인을 두고 다녔다.

이세모노가타리伊勢物語의 23단의 이 이야기는, 어려서부터 알고 지내던 사이의 남녀가 결혼하여 사는데, 여자 쪽의 경제력이 기울자 다른 새 부인을 찾아갔다는 이야기이다. 결국은 새 부인의 행동에 질리기도 하고, 먼저 부인이 남편을 원망하지도 않고 단아하게 행동하는 것을 사랑스럽게 여겨 남편이 돌아오기는 하지만, 남성이 자기 멋대로의 결혼 생활을 영위했다는 느낌이 든다. 그러나 이

것이 헤이안시대의 결혼 제도의 실상이었다.

한편, 남편이 자신의 경제력으로 대신하는 예도 많다. 겐지이야기의 히카루겐지가 어려서부터 의지할 곳 없는 무라사키노우에紫の上라는 여성을 니죠인二条院의 자택에서 딸처럼 키우듯이 하여 부인으로 맞이한 이야기는 너무도 유명하다. 무라사키노우에는 오도노의 기타노가타大殿の北の方라고 불리면서 히카루겐지의 일평생 많은 부분을 정처로서 동반한다.

이러한 헤이안시대의 혼인 형태로 인해, 태어나는 아이들은 외가와 깊은 유대관계를 갖게 된다. 처방거주의 상황이라면 더욱 그런 경향이 강한데, 만약에 부인이 죽게 되면 남성은 아이들을 키우지 않고 외가로 보내 기르는 예가 많았다.

천황의 아들인 히카루겐지의 어머니가 죽었을 때, 히카루겐지는 퇴궐해서 일정기간 외조모의 품에서 자랐고, 일반 귀족들 사이에서도 이것이 관례였다. 더 심한 경우에는 아이들과 같이 남편도 외가로 들어가서 더부살이를 하기도 했다.

故中務の宮の北の方、うせたまひてのち、ちひさき君たちをひき具して、三条右大臣殿にすみたまひけり。御忌みなどすぐしては、つひにひとりはすぐしたまふまじかりければ、かの北の方の御おとうと九の君を、やがてえたまはむと、おぼしけるを、なにかは、さもと、親はらからもおぼしたろけるに、いかがありけむ、左兵衛の督の君、侍従にものしたまひけるころ、その御文もて来となむ聞きたまひける。さて心づきなしとやおぼしけむ、もとの宮になむわたりたまひける。

고 나카즈카사노미야는 부인이 돌아가신 후에 어린 아이들을 데리고 산죠 우다이진 댁(부인 집)에 살고 계셨다. 상이 끝나고 그렇게 언제까지나 혼자 있을 수도 없어서 죽은 부인의 여동생인 구노기미와 혼인하려고 마음먹었다. 그런데 사효에노 카미가 이 구노기미에게 편지를 보낸다는 소문을 듣고 기분이 상해서 자기의 원래 집으로 돌아가 버렸다.

이 야마토모노가타리大和物語 94단[44])의 경우가 바로 처가에서 더부살이를 하던 남성의 이야기인데, 언제까지 혼자 지낼 수는 없다고 생각하여 처제를 아내로 맞이하려고 한다. 그러나 그 처제가 다른 남자와 이미 편지를 주고받고 하는 것을 알고는 가능성이 없다고 생각하여, 처가를 나와 원래 살던 곳으로 돌아간다는 내용이다. 그런데 문제는 원래의 자기 집으로 돌아갈 때 아이들은 데려가지 않았을 것이라는 것이 통설로 되어 있다는 것이다.

이러한 헤이안시대의 결혼 정황을 종합해보면, 딸을 가진 집이 딸을 시집보냈다고 해서 그 시점부터 그 딸이 남편에게 의지하여 결혼 생활을 영위하는 것은 아니라는 결론이 나온다. 결혼한 부부는 처가의 경제력을 의지했고, 그러기에 집이라는 재산권은 딸이 상속받는다고 보면 된다. 부인이 사망할 경우, 아이들의 양육은 남편에게가 아니라 외가 친척에게 귀속되는 경향이 아주 짙게 나타난다. 모계 중심의 사회적 체제가 뚜렷이 드러나는 것이다. 처가의 덕을 보는 것이 너무도 당연한 헤이안시대의 남자들에게 지금 우리의 사회가 어떻게 비춰질지 아주 흥미로운 부분이다.

---

44) 『竹取物語・伊勢物語・大和物語・平中物語(新編日本古典文学全集12)』 小学館, 1994

이혼을 했다는 건가 안 했다는 건가?

가요이콘通い婚이 혼인 유지의 주된 방식이었던 헤이안시대의 이혼 규정은 참으로 모호하다. 기본적으로 남편이 찾아오지 않으면 이혼이 이루어진다고 판단해야 하는데, 이것도 너무 남성들에게 유리한 조건이 아닌가 하는 느낌이 든다.

당시의 문헌에서 이혼에 대한 표현을 살펴보면, 이즈居ず, 사루去る, 스마즈住まず의 표현들이 등장하는데, 가장 일반적인 이혼의 형태는 코즈来ず, 즉 "오지 않는다."였다. 가요이콘 에서의 부부관계라는 것은 그 자체가 몹시도 불안했다는 증거이다.

> 昔、男、津の国菟原の郡に通ひける女、このたびいきては、または来じと思へるけしきならば、男…
> 옛날에 어떤 남자가 세츠 지방의 우바라라는 고장에 사는 여자와 관계가 있었는데, 여자는 남자가 이번에 가면 다시는 안 오겠구나 하고 생각하는 것 같아서 남자가…

이 이세모노가타리 33단[45]의 일화를 보면, 부인 쪽이 어떤 근거에선지는 몰라도 "이번에 가면 다시는 오지 않겠구나."라고 생각한다. 남편이 이런 생각을 알아차리고는 애정 어린 노래를 읊자, 이에 응수하는 부인의 답가는 어찌 내 마음을 당신이 알 수 있겠습니까 라는 내용이었다. 늘 불안하던 둘의 사이가 정말 다시는 찾아오지 않는 행위로 인해 드디어 갈라서게 되는 것, 이것이 당시의

---

[45] 『竹取物語・伊勢物語・大和物語・平中物語(新編日本古典文学全集12)』 小学館, 1994

기본적인 이혼이었다. 찾아오지 않는 것 자체로 부부 관계는 단절되고 마는 것이다.

그렇다면 부부가 동거하는 방식에서는 이혼이 어떻게 표현될까? 앞서 언급한 사라지다去る를 포함하여, 쫓아내다追い出す, 나가다出る 등으로 표현된다.

> 今昔、誰とは不云、人品不賎ぬ君達受領の年若き有りけり。(中略)年来誠棲みける妻を去りて、今めかしき人に見移りにけり。されば本の所をば亡くれ果てぬ。今の所に住みければ、本の妻、心うしと思ひて、いと心細く過しける。
>
> 지금은 옛날이다. 누구라 이름을 밝히지 않겠으나, 집안이 나쁘지 않은 젊은이로 수령인 사람이 있었다. (중략) 오랫동안 같이 살던 처를 떠나서 현대풍의 여자에게 다니기 시작했다. 그래서 원래의 부인 집은 완전히 잊어버리고 새 부인 집에서 살았기 때문에, 원래의 본부인은 정말 견딜 수가 없어 그냥 쓸쓸하게 지냈다.

곤자쿠모노가타리今昔物語의 30권의 11화[46]는 부부로서 동거住む·棲む하다가, 처를 버리고 사라져버린去る, 현대풍의 여자를 찾아간 중류 귀족의 이야기이다. 여기서도 이러한 본부인의 입장은 억울하나 참고 넘어가는泣き寝入り 안타까운 입장이다. 이 설화는 본부인의 재치로 다시 남편이 돌아온다는 이야기로 끝을 맺고 있으나, 동거의 경우에도 남편의 변심으로 인해 집을 나가는 것으로 이혼이 성립되는 것을 여실히 보여준다.

그렇다면 여성 측에서 이혼을 요구할 수는 없었을까? 가요이콘

---

46) 『今昔物語集(新編日本古典文学全集)』 小学館, 1999

의 형태에서 여성이 남성에게 이혼을 요구하려면 어떻게 하면 되겠는가. 대략 짐작이 가겠지만, 남성에게 알리지 않고 몰래 집을 옮겨버리면 된다. 이것을 도코사리床離り라고 하는데, 여성 쪽에서 이혼을 택하는 수단으로 많이 행했던 방법이다. 가게로일기의 작가인 미치쓰나노하하道綱の母가 대표적인 예이다. 미치쓰나노하하는 도코사리의 형식을 취해서 친정아버지의 거처인 히로하타広幡 나카가와中川로 집을 옮긴다. 미치쓰나노하하는 남편인 가네이에兼家가 새 거처를 짓는 것에 어느 정도 기대를 했다. 용모나 재주에 있어서 탁월했던 미치쓰나노하하는 새 거처에서 가네이에와 동거하게 되리라는 기대를 품었던 것이다. 그러나 첫 번째 부인인 도키히메時姬가 가네이에와 새로운 집에서 동거를 하게 된다. 이는 아마도 두 딸을 거느린 도키히메를 가네이에가 선택했을 것으로 추정된다. 정치적으로 일인자가 되고 싶다면, 딸을 궁궐로 들여보내는 것이 필수 코스였기 때문이다. 아들만 달랑 하나뿐인 미치쓰나노하하는 상대적으로 불리한 입장이었다. 이유야 어찌되었건 미치쓰나노하하는 이혼을 결심하고 아버지 집으로 이사를 해버렸다.

さべしとは、さきざきほのめかしたれど、今日などもなくてやはとて、「きこえさすべきこと」と、ものしたれど、「つつしむことありてなむ」とて、つれもなければ、なにかはとて、おともせで渡りぬ。
그럴 예정이라는 것은 그 사람에게 이전부터 넌지시 언질을 주었는데, 그래도 역시 오늘 옮긴다는 것은 일러두어야겠다고 생각하고, 말씀드릴 것이 있습니다 라고 소식을 보냈지만, 갈 수 없는 형편이다 라고 모르는 척하기에, 쳇, 나도 상관 안 한다고 생각하고 아무 말도 하지 않고 이사를 했다.

이렇게 여자 쪽에서 헤어지자는 의사 표명을 하고, 남자가 더 이상 찾아오지 않으면 그것으로 이혼이 성립된다. 그러나 이런 경우의 이혼은 상당히 애매해서, 세월이 지나 남자가 다시 찾아오기 시작하면 다시 가정을 꾸미게 되는 예들도 많다.

끝으로 부부가 동거할 때, 여성 측에서 이혼을 하고 싶으면 어떻게 해야 할까? 대답이 너무 간단한 것 같지만, 남편을 쫓아내면 된다. 이로써 이혼이 성립된다.

北の方、「来ずならむ時や、さも思はむ。ただ今はさせまほしくぞある」とのたまへば、末の刻まで人も目見入れねば、少輔苦しうて、出でて往にけり。

오치쿠보히메의 계모는 "효부노쇼가 오지 않게 되면 세상 사람들은 그렇게 생각하겠지. 그래도 지금은 두 번 다시 오지 않도록 식사도 내놓지 말아야겠다."고 말씀하시며 오후 2시까지 아무도 얼굴을 내놓지 않았더니, 효부노쇼도 거기 있는 것이 민망하여 돌아가 버렸다.

이 오치쿠보모노가타리落窪物語의 내용은, 오치쿠보노히메를 사랑하는 소장의 계략으로 오치쿠보노히메의 계모의 딸인 욘노기미四の君가 바보인 오모시로노고마面白の駒와 결혼하게 되는데, 오모시로노고마가 못마땅한 계모는 오모시로노고마를 구박하여 더 이상 같이 있을 수 없게 만들어 내쫓는다는 것이다.

이상으로 이혼의 각 형태를 알아보았는데, 현대의 우리처럼 법적인 절차가 있는 것도 아니고, 어느 한쪽이든 언제고 멀어질 의사가 있으면 성립되었다는 것을 알 수 있다. 기본적으로 가요이콘이

대다수였던 이 시대에 이혼은 참으로 애매모호한 것이었다. 만일 남편이 몇 년이고 찾아오지 않아 이혼 당했다고 판단하여 다른 남성과 부부의 연을 맺어 그 남자가 찾아오는데, 전 남편이 도로 찾아와서 다시 다니게 된다면, 이 여성은 남편이 둘인 셈이 된다. 물론 한쪽의 남편을 정리하면 해결되는 문제이지만, 혹시 전 남편과 다시 사는 쪽으로 정리가 된다면, 이 부인을 그동안 불륜관계에 있었다고 판단할 수 있느냐 하는 것이 문제가 되지는 않을까?

아무튼 현대의 우리의 시각으로는 상당히 불안정한 결혼 생활이었고, 이혼 또한 안 만나면 그만이다 라는 식의 모호성이 내재되어 있었다.

5부

귀족들의 **생활**에서
빼놓을 수 없는 **종교** 생활

종교란 궁극적으로 개인과 사회집단의 가치관의 베이스가 되며 문화 창출의 근원이 되기 때문에, 어떤 집단이나 민족에 관한 이해는 그 종교를 배제하고는 결코 논할 수 없다. 이런 의미에서 본 장에서는 헤이안 귀족들의 종교와 죽음 및 내세관에 대해 알아보려고 한다. 그러나 단번에 헤이안시대로 거슬러 올라가기 전에 먼저, 현대 일본의 종교에 관해서 간단히 이야기할 필요가 있다. 일본이란 나라의 종교적 특이성을 짚어봐야 하기 때문이다.

종교 학자들은 흔히 현대 일본의 종교를 하등종교 내지는 원시종교로 분류한다. 그래서 세계에서 으뜸가는 경제 대국을 이룬 일본이, 고등종교 특히 이 경우에는 기독교 문화권이 아닌 것에 고개들을 갸우뚱한다. 세계의 선진국 중에 기독교국가가 대부분인 것은 누구나가 인정하는 바이다. 그런데 유일하게 일본만은 예외이다. 이것에 대해 종교사회학자들의 분석은 이러하다. 일본인들은 국가적으로 기독교를 받아들이고 그 문화권에 있지는 않지만, 아주 기독교적인 삶[47]을 살고 있기 때문에 경제대국을 이룰 수 있었다는 것이다.

또 한 가지 일본 종교의 특이성으로 손꼽을 수 있는 것은 종교의 융합일 것이다. 일본 문화청文化庁의 종교연감宗教年鑑의 통계에 의하면 일본의 종교 신자 수는, 신도神道 계통이 약1억600만 명, 불교仏教 계통이 약9600만 명, 기독교キリスト教 계통이 약200만 명, 그 외의 종교가 약1100만 명으로 합계가 2억1500만 명 정도로 집계되었다. 일본 총인구의 약 2배가 특정 종교의 신자수로 나왔다. 이런 기이한 현상은 한 개인이 본인이 신도의 신자이기도 하고 불교의 신자이기도 하다라고 판단하고 있다는 반증이다. 사실인즉슨, 현대의 일본인들은 민족 신앙에 기초를 두면서 태어나서는 신도의 의례에 따르고, 결혼할 때는 기독교식으로 하고, 임종에 임해서는 불교식으로 하는 것이 일반화, 대중화되었다. 그러니 특정 종교의 신자 수가 총인구수를 넘을 수밖에 없는 결과를 초래한다.

파스칼은 팡세에서 신앙은 선택이고 결단이라고 했는데, 과연 현대 일본인들의 종교관에는 고심한 끝의 결단과 선택이 있는지 의문스럽다. 모든 종교가 조화를 이루고 문화라는 이면에 가려져서 존재하는 곳이 일본이다. 일본의 종교는 다투지 않는다. 우리는

---

47) 막스 웨버는 기독교의 칼뱅주의를 지지하기를, "칼뱅주의에 있어서 봉건귀족들과 벼락부자들의 허식, 낭비 등은 금기이다. 절약, 근검, 검소 등에 의해서 합리적 경제생활을 하는 것이 신의 영광을 위한 도구가 되며 은총을 누리게 되는 길이다."라고 했다.(2005년 1월 25일 크리스천트리뷴지『칼뱅의 프로테스탄트 정신을 지지한 막스 웨버에 대한 사상사적 비판1』)

지금 이 시점에서도 종교전쟁을 치르는 나라들을 볼 수 있다. 일본인들이 그 전쟁을 진정으로 이해할 수 있을까?

이러한 일본 종교의 특이한 특성은 비단 현대에 이르러서 탄생한 현상은 아니다. 이 뿌리는 아주 깊고 견고하다. 헤이안시대에도 이미 이런 현상이 있었던 것이다. 일본의 민속종교인 신도는, 일본의 풍토에 연결된 신들을 주요 숭배 대상으로 한다. 다신교인 것이다. 일찍이 「八百万(やおよろず)の神々」라는 말이 존재하는데, 800만이라는 수에 달하는 신은 그 어느 것도 신이 될 수 있는 가능성을 품는다. 그러니 불교가 들어와도, 기독교가 들어와도, 그 신 중의 한 명이라고 이해해서 수용하는 것이다. 예를 들어, 학문의 경지가 높았던 사람은 후대에 학문의 신으로, 와카의 가인으로 유명했던 사람은 노래의 신으로 추앙되고 신사가 만들어지고 하는 식으로, 신들도 끊임없이 생성 소멸된다. 한때는 일본의 황실 계보를 아마쓰카미天つ神(あまつかみ)의 자손으로 신비화하고 천황을 아라히토가미現人神(あらひとがみ)로서 숭배하는 국가신도国家神道의 영향으로, 명치유신을 전후로 해서 세계 제2차 대전 종결까지 천황을 신으로 떠받들기도 했다. 이러한 신도의 신에 대한 포용성 내지 융합성은 현대인들에 있어서 다음과 같은 형태로도 나타난다.

일본인들의 가정에는 신도식의 가미다나神棚[48]도 있고, 불교의 불단仏壇도 있다. 이러한 현상은 신불습합神仏習合에서 기인한 것인데, 신도의 신들도 인간처럼 불법仏法에 의한 해탈을 원한다는 생

---

[48] 집안에 신위를 모셔두고 제사를 지내는 선반.

가미다나

불단 사진

각에서 출발한 것이다. 그래서 신도의 신 앞에서 독경神前読経이 행해지고, 신사神社의 경내境內에 신궁사神宮寺가 세워지는 현상이 나타났다.

사실 전통 신도는 교조教祖도 교의教義도 교단教壇도 존재하지 않는다. 이런 요소가 바로 하등종교로 분류되는 이유일 것이다. 이러한 특이한 민속 신앙적 신도를 토대로 면면히 흘러온 일본의 종교가 헤이안시대에 어떤 형태로 운용되고 생활에 파고들었는지 불교와 음양도陰陽道를 중심으로 살펴보도록 하겠다.

1 화려한 의식과 신비에 싸인 귀족불교

  헤이안시대의 귀족불교라고 하면 주로 밀교密教를 지칭한다. 일
반적인 대승불교大乘仏教와는 달리, 밀교는 신비주의적이고 상징주
의적인 교의를 가졌다. 지금은 밀교적 색채가 짙은 티베트불교에
서 그 모습을 엿볼 수 있는데, 인도 불교가 후기에 들어서서 융성
해지는 힌두교에 대응하여 살아남기 위해 힌두교나 주술적 요소를
받아들여 만들어진 불교가 바로 밀교이다. 이 밀교를 일본은 중국
으로 유학한 승려인 구카이空海나 사이쵸最澄 등에 의해 받아들였
다. 즉신성불即体成仏과 진혼국가鎮護国家를 표방하는 진언종真言宗과
법화경法華経을 주 경전으로 하는 천태종天台宗으로 분류된다.

  헤이안 귀족불교는 원주願主(신불에 소원 성취를 비는 당사자)
가 후지하라藤原 일족이었기 때문에 섭관시대摂関時代의 불교를 지
칭하는 말이지만, 그 화려하고 장대한 밀교 의례의 연출과 함께 그

사이쵸의 초상화   구카이의 동상

시대 이전부터 내려오던 산악불교山岳仏教도 함께 생각해야 한다.

산악불교란, 속세를 떠나서 입산하여 고행과 수련을 하는 불교자들에 의해 성립된 불교를 말하며, 이들은 고행과 수련을 통해 영험한 주술력을 얻어, 재난을 가져오는 악령을 제거하고 복리를 가져오도록 하는 역할을 담당한다. 이들의 주술력 또한 밀교적 수법修法을 도입하여 더 큰 주술적 효과를 강화하기에 이른다.

그리고 헤이안시대 말기로 갈수록 밀교적인 토양 위에 의례적이고 감각적인 정토교浄土教가 생기는데, 정토교의 말법사상末法思想의 보급도 산림에서 수행을 하는 성인聖人들에 의해 창도전파唱導伝播된다. 즉, 헤이안 말기의 현실사회의 불안은 밀교의 장대한 법회를 가지고도, 또한 어떠한 권력을 가지고도 피할 길 없는 생명의 멸망의 법칙을 사람들에게 가르쳤다. 그리하여 현실생활 속에 밀교적 수법修法에 의한 기도祈祷를 필요로 하면서도, 한편으로는 운명적인 무상감을 정토교를 통해 해결하려고 했다.

영화의 극치를 달렸던 헤이안 귀족들도 쇠퇴해가는 자신들의 운명을 어슴푸레 알고 있었다고 판단된다. 즉, 산림 수행자들이 강설하는 말법을 수용할 수 있는 정신 풍토가 이미 조성되었다고 하겠다. 따라서 정토교는 현실 세계에 밀교적 주술 의례를 중첩적으로 수용한 내세에의 구제救済로 고착되기에 이른다.

그러면 이러한 헤이안시대의 밀교적, 정토교적 신앙 행위가 어떻게 행해지고 생활을 지배했는지 구체적인 예를 들어 알아보도록 하자.

천황의 신앙과 병 치유

제53대 천황인 준나천황淳和天皇은 분묘를 만들지 말고 산중에 산골散骨하라는 유언을 남긴다. 그래서 오하라노니시야마大原野西山의 산봉우리에서 산골散骨된다.[49] 그리고 사가 상황嵯峨上皇도 점卜筮과 세속의 자질구레한 구습俗事에 얽매일 필요가 없다고 유언[50]하여, 화려한 장례厚葬를 금했다. 그러나 준나천황淳和天皇이 죽은 해에 가뭄이 들고 역병이 도는水旱不調 疫癘間發[51] 일이 생기게 된다. 그 원인은 상황의 영혼靈魂의 재앙이라고 여겼고, 그로 인해 조정에서는 죠가쿠지定額寺의 수리를 명했다. 또 불길한 혜성이 나타났기 때문에 승려 100명에게 3일간 다이한냐교大般若経을 전독転読하게 했다. 이렇듯 진혼 의례를 반복해 치렀다.

그리고 사가상황嵯峨上皇의 1주기에 가까운 조와承和 10년(843) 5월에는 모노노케物の怪(死靈, 怨靈, 귀신)와 태양의 이상 현상을 진정시키기 위해, 백 명의 법사法師에게 궐내의 세이료덴清涼殿에서 야쿠시쿄薬師教를 독경하게 하는 등 궁궐의 곳곳에서 상황의 추선追善을 위한 의례가 행해진다. 결국 두 상황의 유언은 파기되기에 이르렀고, 선황의 혼령을 진정시키기 위한 대규모의 의례가 행해진다.

또한 사가상황嵯峨上皇의 주기제회周期斎会가 조와承和 10년(843) 7월 14일에 집행되는데, 원래 15일에 행해져야 하는 것이 14일로

---

[49] 『日本紀略』承和七年(840) 五月 六日 条、五月 十三日 条。

[50] 『続日本後紀』承和九年(842) 七月 六日 条。

[51] 『続日本後紀』承和八年(841) 五月 二十四日 条。

앞당겨진 것이다. 이는 15일이 흉일에 해당되어 이날을 기피한 것인데, 이는 태황태후성상太皇太后聖上의 무사를 위함이었다.

이 두 가지 사실로 미루어보면, 먼저는 국가적 규모로 행해지는 소위 국가공동체의 안온을 위해 행해지는 진혼이나 멸죄滅罪의 행법行法이, 선황의 유언이나 기일보다도 현재의 천황에 관계되는 길흉을 더 중시 여긴다는 것을 알 수 있다. 두 번째로 주술적인 음양도의 영향으로 길흉이 정해지는 것이 불교에까지 영향을 끼침을 알 수 있다.

이러한 주술적 신앙을 수용하게 되는 데는 귀족들의 정신적 풍토가 관계된다고 보인다. 이로 인해 모노노케나 원령의 출현을 밀교적인 수법修法으로 진혼하는, 주술적인 가지기도加持祈祷[52]가 성행하게 된다.

가지기도 중에서도 성체불예聖体不豫(천황의 몸이 좋지 않음)를 위한 가지기도가 특히 많았다. 천황이 병이 나면 전국의 명신에게 고헤이御幣를 올리고 진사陳謝하고, 밀교적인 수법修法에 의해 가지기도를 하고 조복調伏(부처의 힘으로 악마 등을 굴복시킴)을 행한다. 때에 따라서는 150명에 달하는 승려가 동원되었다는 기록도 있다. 또한 영험한 승려가 천황을 대신하여 죄업을 씻기 위해 고행에 들어가는 예도 있다. 이러한 밀교적 불교의례가 수도 없이 행해진 때가 바로 헤이안시대이다. 비단 천황뿐만이 아니라, 황실과 귀족들은 악한 영으로 인해 병도 생기고 저주도 받는다는 신앙을 가졌기 때문에 생활 곳곳에서 불교적 의례를 아주 중시했다. 이런 밀

---

52) 주문을 외며 신불에게 가호를 빌어 재앙을 면함.

교적 기도 의례는 승려가 50명, 100명 이상 동원되어 호화찬란했고, 장엄미와 신비감마저 자아냈다.

그리고 조정의 공식적인 불교 의례의 의미는, 세상의 안온함을 주목적으로 하였다. 세상에 재해가 일어나면 일어나는 이유가 있다고 생각했다. 즉, 천황은 조상이나 천지의 모든 신天神地祇에 대해, 그리고 정쟁政争에 져서 비업非業의 생을 마감한 원령이나 악령을 위로하고 달랠 의무가 있다고 믿었다. 특히 원령의 저주를 달래기 위해서는 밀교적 수법이 가장 효과적인 주술의례라고 인정되었다. 고대의 천황들은 자신의 부덕함이 천하의 풍우의 조화를 깨뜨리는 것으로 여겨, 솔선하여 자신의 몸을 삼가야만 했다. 즉, 부처나 모든 신에 대하여 죄업을 용서받으려는 것이고, 이것이 참회에 해당한다. 따라서 현인신現人神인 천황의 옥체를 보호하는 일이 그 무엇보다도 엄중히 집행된 것은 이런 이유 때문이다. 다방면의 주법呪法과 독경이 복합적으로 행해져서 완벽을 기했는데, 일본 민족 신앙의 기저에 존재하는 속죄를 위한 작선作善, 즉, 많은 수의 선근善根[53])을 쌓는 것으로 죄업이 사해진다고 믿었던 것이다.

최고 권력자의 법화와 염불신앙

후지와라藤原 일족一族에 의한 섭정摂政의 정점에 서서 최고의 권력을 휘두른 미치나가道長의 신앙생활을 살펴보는 것으로 당대 귀족들의 신앙생활을 엿보기로 하자. 문학 작품 에이가모노가타리栄

---

53) 불교에서 온갖 선을 낳는 근본이 되는 것, 또는 좋은 과보果報를 낳게 하는 착한 일.

榮華物語의 법성사를 둘러싼 묘사는 미치나가의 62년간의 인생의 희비를 아주 탁월하게 기술했다. 특히 미치나가의 임종 전야의 법회 기사는 다채롭게 묘사되어, 이생에서 권력과 부귀를 다 누린 인간도 죽음이라는 현실 앞에서 얼마나 허무하고 슬픈지를 잘 말해준다.

먼저, 영험한 사찰을 순례하며 참배하는 것은 귀족들 사이에서 일반화된 신앙생활이었고, 미치나가도 예외는 아니었다.

―天曆 8年(954)법화삼매法華三昧를 열고, 삼매당三昧堂 건립. 후지와라 일족의 번영을 위한 불이 켜지고, 20년간 꺼지는 일이 없도록 함. 삼매승三昧僧에 의해 법화멸죄와 염불이 이루어짐.
―寬弘 4年(1007) 8월 금봉산金峯山 참배. 딸 쇼시彰子가 황자를 낳은 것에 대한 감사.
―寬仁 3年(1019) 9월 대동사大東寺에서 출가를 위한 수계受戒. 법화 30경을 비롯하여, 5월에서 12월말까지 무량의경無量義経, 보현경普賢経, 법화경法華経 28품을 매일 한 품씩 논의論議하게 함.

불교에 귀의한 미치나가

－寛仁 4年(1020) 9월 아미타상阿弥陀像을 아홉 체 조립하여, 무량수원無量寿院에 헌납함.(법성사 조영의 계기가 됨.)
－治安 3年(1023) 10월 대화칠대사大和七大寺 순례, 금강봉사金剛峯寺 참배.

이 외에도 후지와라 일족의 번영을 위하여, 또 미치나가 자신의 말년의 병을 치유하기 위하여 수많은 염불과 법회, 죄멸의례가 행해진다. 그중에서도 법성사의 조영이 두드러진다. 미치나가는 자신의 죄를 사함 받고, 선을 쌓는 일의 일환으로 법성사를 짓기에 이르는데, 이 법성사에는 미치나가의 정성이 화려함 그 자체로 표현된다. 약사당薬師堂에 육관음六観音과 칠불약사七仏薬師, 십재당十斎堂에 불상 십 체仏像十躰, 금당金堂에 백 체百躰의 석가상釈迦像과 천수관음千手観音, 일만 체一万躰의 부동不動, 금니金泥 대장경 서사공양書写供養 등이 만들어 올려진다. 이 작선作善 행위는 병든 미치나가의 병 치유를 위한 가지기도임과 동시에, 더 나아가 에이가모노가타리栄華物語 제19권에 나와 있듯이, 사후의 명복을 위해 하는 불사佛事라는 의미가 더해진다. 「いかで今は、ただ祈はせで、滅罪生善の法ども行はせ、念仏の声絶えず聞かばや」 최후를 맞는 미치나가는 법화경의 독송에 의한 죄멸과 염불을 통해 왕생을 바라는 것이다.

임종 때의 모습을 조금 설명해보겠다. 임종을 맞이하는 미치나가의 옆에는 수신수행원과도 같은 염불승이 항상 같이 자리하여, 염불이 끊임없이 창화된다. 병상은 아홉 체의 아미타불상을 향하

여 누울 수 있도록 마련되고, 귀로는 염불을 들을 수 있으며, 손에는 중존中尊여래상에 묶여 있는 오색의 실이 들렸다. 그리고 바로 옆의 염불승들은 머리를 땅에 찧으면서 기도를 올린다. 이는 고행의 한 가지인 누카쓰키額つき이다. 미치나가 자신도 계속해서 염불을 외운다. 에이가모노가타리榮華物語의 작가는, 미치나가가 법화경과 염불, 그리고 대불정여래주大佛頂如來呪의 독송에 늘 열심이었기 때문에 극락왕생하는 것은 당연한 것이라고 결론지었다. 이것이 바로 죽음에 대한 헤이안 귀족들의 신앙의 형태였던 것이다.

무상감과 감각적 정토신앙이 결합된 밀교

에이가모노가타리榮華物語의 제16권에는 아미타당阿弥陀堂에서의 법화경 공양에 관한 기술이 나온다. 「かくはかなき世に罪をのみ作りて暮すはいみじきわざかな。いざ給へ、君達もろともに契りて、経一品づつ書きて申上げん」

이렇게 황태후궁겐시皇太后宮研子의 뇨보들은 무상한 세상에서 죄를 지으며 사는 것은 너무나도 비참한 일이라고 현세의 무상감을 드러낸다. 이런 무상감과 죄장罪障 의식에서 오는 공포감은 당시 귀족 사회에 만연했던 가치관54)이었다. 이러한 요소들을 없애고, 내세를 약속받으려면, 법화경서사공양 같은 행위를 해야 한다

---

54) 源氏物語를 비롯한 많은 문학 작품의 테마가 무상감이었다. 귀족들의 출가가 이를 반증해 준다고 하겠다.

는 것이다. 즉, 현세안온現世安穏·후생선처後生善処를 바라는 중생들을 구제하는 방편인 것이다.

미치나가가 건립한 법성사의 경우에서도 보면, 그 중심이 되는 것이 금당金堂인데, 이 금당의 불상이나 불화仏画 등의 장엄함은 정토를 보는 듯한 화려함의 극치를 이룬다. 이 금당을 보면서 바로 이런 게 정토가 아니겠느냐고 말하는 걸 보면[55], 사찰 건립에도 정토사상이 짙게 배어 있음을 알 수 있다.

당시의 귀족들은 법화경과 염불에 의한 멸죄滅罪와 왕생, 그리고 밀교의 주술에 의해 현세와 내세의 가호를 빈다는 현당이세現当二世의 안온이 일평생 이어지기를 바란다는 신앙을 가졌다.

헤이안 귀족의 불교신앙의 중심은, 밀교적 수도 방법修法이다. 그러나 이 장엄한 밀교적 수법修法과 연출은, 왕조국가의 종언과 함께 서서히 막을 내리기 시작한다. 미치나가의 불교신앙에서 엿볼 수 있듯이, 시각적이고 관념적이긴 하지만 밀교의 신앙에서부터 정토교의 신앙으로 이행된다. 미치나가의 신앙은 밀교적 소양 위에 법화와 염불신앙이 합치된 것이다. 즉, 인생의 죄업이나 더러움을 속죄하는 것으로 왕생한다고 생각했던 것이다. 또한 이는 비단 미치나가 뿐만이 아니라 이 시대의 귀족들의 일반적인 통념이었다.

이 같은 불교의 의례는, 병을 치유하거나 재해를 없애는 공동체적 의례로 자리 잡았고, 다이한냐교大般若経나 밀교적 수도 방법에

---

[55] 御堂あまたにばらせ給ままに、浄土はかくこそはと見えたり(『栄華物語』 第十八巻)

법화경

의해 실현되었다. 물론 법화나 염불도 공동체와의 관계를 강하게 의식했고, 일족의 추선追善을 위해 수선의례修善儀禮로써 행해졌다. 그리고 이러한 요소들이 귀족들의 정신세계에 있는 죄업이라든가 무상감의 개념과 합치되어, 법화와 염불을 한 세트로 하는 원초적 정토교를 탄생시키기에 이른 것이다. 한편, 고행의 흉내 정도에 해당할지는 몰라도, 죄멸을 위해 산악의 사원이나 영험한 장소를 순례하는 행위도 유행했다. 또한, 보통 때는 부동명왕不動明王이나 관세음보살觀世音菩薩을 의지하지만, 임종에 가까우면 수계受戒에 의해 몸을 깨끗이 하고, 법화경의 독송이나 부단염불을 시작했다. 그리고 죽은 후의 추선追善 공양으로는 삼매승三昧僧에 의한 법화경과 부단염불이 반복적으로 실행되었다. 바로 이러한 것들이 헤이안 귀족들의 불교신앙의 기본 신앙체계였고, 불교의 수용 태도였다.

2 복합종교 일본의 음양도

고대 중국의 원시종교였던 음양도는, 후한 말부터 도교로 조직화되어 음양오행설이나 참위설讖緯説이 확립되었다. 이것은 또한 민간신앙으로써는 무도巫道나 역점易占, 주금呪禁[56) 또는 기도祈禱, 복약服藥, 신선술神仙術 등이 되어 민중 속에 흘러 들어갔다. 이런 민간신앙과 천문역수天文曆數가 신선사상神仙思想과 함께 일본에 전래되어 일본의 음양도가 형성되었다.

즉 음양도는, 자연계의 만물은 음과 양이라는 두 가지의 기氣로부터 생겨난다고 하는 음양사상과, 만물은 목木·화火·토土·금金·수水의 오행五行으로 구성된다는 오행사상을 조합하여, 자연계의 음양과 오행의 변화를 관찰해서 서상瑞祥[57)과 재액災厄[58)을 판단하고, 인간계의 길흉을 점치는 실용적인 기술로써 일본에 수용되었다. 그리고 신도나 불교 등의 영향을 받아 복합적인 종교로 일본 특유의 발전 과정을 밟아왔다.

특히 헤이안시대의 음양도는, 원시적 슈겐도修驗道[59)나 초기 슈겐도의 선인仙人, 우바새優婆塞[60), 선사禪師[61)들에 의해 신

슈겐도의 슈겐자

---

56) 주술로써 재앙·원귀 등을 물리침.

57) 상서로운 조짐.

58) 재액으로 입는 화禍.

59) 일본 고래의 산악신앙에 기초한 것으로, 산중에서 수행을 하여 주력을 획득하는 것이 목적이다. 엔노오즈노役小角를 시조로 하고 있고, 일본 불교의 한 종파로 분류하기도 한다. 후대의 교의教義에서는 자연과의 일체화에 의한 즉신성불即身成仏을 중시하게 됨.

선술, 의약, 주술로써 일본에 도입되었고 신도나 불교와 절충되어 조화를 이루었다. 이러한 슈겐도를 동반한 음양도는 민간 주술적 성격을 가졌지만, 역점복서易占卜筮나 천문역수天文曆數, 참위감문讖緯勘文, 재이제불災異除祓 등의 음양도는 공적인 주술로써 국가 조직에 포함되어, 음양료陰陽寮의 소관이 된다.

음양료의 조직에는 음양료의 장관인 온요노카미陰陽頭, 온요지陰陽師, 온요박사陰陽博士, 레키하카세曆博士 등 20명 정도의 관리가 있었다. 이들은 천문기색天文氣色을 살펴 관찰하는 것을 주된 업무로 했는데, 그 이변을 점쳐서占筮 예언하고 비밀리에 천황에게 알리는 것까지가 그들의 중요한 직능에 해당됐다. 그리고 이와 동시에 달력을 만들고 시각을 알리는 것도 직무 내용에 포함되었다. 그러나 헤이안시대의 음양료는 구주력具注曆[62]을 만들고 반포하는 일도 큰 업무였지만 재액을 해소하고 재해를 진정시키는 주술도 중요한 업무여서, 온요지陰陽師라고 하면 바로 주술사로 통했다. 즉, 중국으로부터 전래된 음양오행이나 역易이나 노장사상 등이, 일본에 들어와서는 주술적으로 바뀌는 경향이 강했던 것을 알 수 있다. 이런 현상은 불교의 사상과 철학이 종교로써 주술신앙화된 것과도 매우 흡사하다.

귀족의 일상생활에서는, 음양도의 주술, 방술, 참위(예언) 등이 모노이미物忌[63]나 쓰이나追儺[64), 오오하라에大祓[65) 등과 같은 형태

---

60) 출가하지 않고 불도를 닦는 남자.

61) 선법禪定에 통달한 스님.

62) 헤이안시대에 유행한 태음력. 한문으로 별자리星宿, 간지干支, 길흉吉凶에 대해 자세히 주를 붙여놓은 달력.

로 행해진 것을 공경일기公卿日記나 왕조문학의 여러 곳에서 확인할 수 있다. 또한 궁중사회에 팽배했던 원령怨靈에 대한 고료신앙御靈信仰에 대해, 음양도는 점술과 주술을 가지고 재이災異를 회피하는 방법을 제시함으로써 천황이나 공가公家의 사적인 생활에 지대한 영향을 미치는 지침으로 자리 잡았다.

일상생활에 깊이 스며든 모노이미와 가타타가에

모노이미物忌는 공경일기公卿日記의 도처에 나온다. 몽조나 병, 모노노케物の怪[66], 쇼크에触穢[67]가 있으면, 그 재해를 피하기 위해 근신하는 것인데, 그 날짜와 기간, 방위 등을 정하는 것이 온요지陰陽師의 점卜筮이다. 그 방위에 따라서 가타타가에方違え[68]도, 모노이미표찰物忌札도 온요지陰陽師가 쓰기 때문에 음양도와 관계가 깊다. 모노이미표찰物忌札은 모노이미의 건물이나 방 앞의 입구에 세웠던 표찰이다.

가타타가에方違え는 나카가미天一神, 태백신太白神, 금신金神, 대장군신大將軍神 등이 다니는 방위를 꺼려서, 그 방향으로 나갈 때는 일단 길방吉方(えほう)으로 갔다가 목적지의 방위로 가는 것으로, 헤

---

[63] 일정 기간 동안 음식이나 행위를 삼가고, 신체를 정결하게 하여 부정을 피하는 일.

[64] 궁중의 연중행사 중 하나. 섣달 그믐밤에 하는 악귀를 쫓고 역병을 제거하기 위한 의식.

[65] 6월과 12월 말에 친왕 이하의 백관들이 스자크몬朱雀門의 광장에 모여서, 만민의 죄와 부정, 흉허물을 씻는 액막이 행사.

[66] 사람을 괴롭히는 사령死靈·생령生靈·원령怨靈.

[67] 부정한 것에 접촉하는 것.

[68] 출타할 때 목적지의 방위가 불길하면, 전날 딴 곳에서 1박하여 방위를 바꿔 목적지로 가던 일.

이안시대의 공경일기에는 수도 없이 이에 관한 이야기가 나왔다. 그때마다 온요지陰陽師가 점을 본 것인데, 이렇듯 당시의 날에 대한 길흉은 아주 엄중한 것이었다.

예를 들어, 근무하는 곳에서 서쪽에 있는 집으로 돌아가려고 한다. 그런데 서쪽에 가타타가에의 대상이 되는 나카가미가 있다고 하자. 이런 경우, 곧바로 집으로 돌아가면 나카가미가 있는 방위를 침범하는 것이 된다. 그래서 일단 다른 방위, 예를 들면 남서쪽에 있는 아는 사람의 집에서 하룻밤을 묵고 다음날 집으로 돌아간다면, 서쪽을 침범하지 않은 게 된다는 것이다.

그러면 실제 문학 작품의 스토리에 등장하는 모노이미와 가타타가에의 예를 살펴보기로 하자. 먼저, 겐지이야기의 하하키기帚木 편에는 다음과 같은 장면이 있다.

長雨晴れ間なきころ、内裏の御物忌さし続きて、いとど長居さぶらひたまふを、大殿にはおぼつかなく恨めしく思したれど、よろづの御よそひ何くれとめづらしきさまに調じ出でたまひつつ、御息子の君たちただこの御宿直所の宮仕へを勤めたまふ。

오랜 장마가 계속되어 하루도 맑은 날이 없던 5월, 겐지는 궁중의 근신 기간이 길어졌다는 구실로 여느 때보다 오래 궁중에 머물렀습니다. 좌대신은 그런 겐지가 야속한 한편 기다려지기도 하여, 옷을 새로 지어 보내는 등 한시도 소홀하지 않았습니다. 좌대신의 자식들 역시 겐지가 머무는 방에 찾아가 무슨 일이든 시중을 들었습니다.

겐지는 좌대신의 딸 아오이노우에葵の上와 결혼을 하지만, 왠지

냉담하고 속마음을 알 수 없는 부인에게 마음을 붙이지 못한다. 그래서 부인이 있는 좌대신의 집에 발길이 뜸해지는데, 장마가 계속되는 어느 날 궁중의 숙소에 머물면서, 좌대신의 집으로 가지 못하는 이유로 모노이미物忌를 구실 삼는다. 자기의 딸을 자주 찾아주지 않는 것에 대해 좌대신은 섭섭하게 생각하기도 하지만, 사위를 위해 갖은 정성을 쏟는다는 내용이다. 당시의 결혼 제도인 가요이콘通い婚에서는 신랑 측이 모노이미나 가타타가에를 구실 삼아 찾아가지 않는 예가 많았다. 여성 측은 애가 타는 상황이겠지만, 당시의 길흉은 엄중한 것이어서 이러지도 저러지도 못했던 것 같다.

그러면 또 다른 예를 하나 더 살펴보자.

からうして今日は日のけしきも直れり。かくのみ籠もりさぶらひたまふも、大殿の御心いとほしければ、まかでたまへり。おほかたの気色、人のけはひも、けざやかにけ高く、乱れたるところまじらず、なほ、これこそは、かの、人びとの捨てがたく取り出でしまめ人には頼まれぬべけれ、と思すものから、あまりうるはしき御ありさまの、とけがたく恥づかしげに思ひしづまりたまへるをさうざうしくて、中納言の君、中務などやうの、おしなべたらぬ若人どもに、戯れ言などのたまひつつ、　暑さに乱れたまへる御ありさまを、見るかひありと思ひきこえたり。大臣も渡りたまひて、うちとけたまへれば、御几帳隔てておはしまして、御物語聞こえたまふを、「暑きに」とにがみたまへば、人びと笑ふ。「あなかま」とて、脇息に寄りおはす。いとやすらかなる御振る舞ひなりや。暗くなるほどに、
「今宵、中神、内裏よりは塞がりてはべりけり」と聞こゆ。
「さかし、例は忌みたまふ方なりけり」
「二条の院にも同じ筋にて、いづくにか違へむ。いと悩ましきに」

とて大殿籠もれり。「いと悪しきことなり」と、これかれ聞こゆ。

「紀伊守にて親しく仕うまつる人の、中川のわたりなる家なむ、このこ
ろ水せき入れて、涼しき蔭にはべる」と聞こゆ。

「いとよかなり。悩ましきに、牛ながら引き入れつべからむ所を」

とのたまふ。忍び忍びの御方違へ所は、あまたありぬべけれど、久しく
ほど経て渡りたまへるに、方塞げて、ひき違へ他ざまへと思さむは、い
とほしきなるべし。

오늘은 오랜만에 비도 그치고 날씨도 화창합니다. 이렇게 궁중에만 틀어박혀 있
으면 좌대신이 걱정을 많이 할 터이니 안 되었다 싶은 마음에 겐지는 좌대신 댁에
가기로 하였습니다. 좌대신 댁에 들어서면 집의 모양새나 아내의 인품이나 한결
같이 기품이 있고, 모든 것이 반듯하게 정리되어 흐트러짐이 없습니다. 역시 이
여자야말로 어젯밤 여인 품평회 때 버리기 어려운 여자의 예로 화제에 오른, 성실
하고 신뢰할 수 있는 사람에 해당할 것 같았습니다. 그럼에도 겐지는 아내의 너무
도 단정한 모습에 적응하기가 어렵고, 주눅이 들 정도로 새침한 모습이 뭔가 미진
한 듯 느껴졌습니다. 그러다 보니 자연히 중납언이나 중무 등 아내의 젊고 아름다
운 시녀들을 상대로 농담을 하게 됩니다. 더위 탓에 단정치 못하게 옷고름을 풀어
헤치고 있는 겐지의 모습을 시녀들은 넋을 잃고 바라봅니다. 좌대신도 이쪽으로
찾아와 겐지가 유유자적하게 쉬는 모습을 보고는 발 너머에 앉아 말하였습니다.
겐지가 매우 불편하다는 듯한 표정을 지었습니다.

"이렇게 더워서야, 원." 그러자 시녀들이 키들키들 웃었습니다.

"쉿, 조용히."

겐지는 시녀들을 제지하면서 사방침에 느긋하게 기대어 편안한 자세를 취하였습
니다. 날이 어두워지자 시녀가 알리러 왔습니다.

"이쪽은 오늘 밤 궁중에서 보면 음양도의 중신이 있는 나쁜 방향이옵니다. 주무
시기에는 방향이 좋지 않사옵니다."

"정말 그렇사옵니다. 늘 피하는 방향이옵니다."

다른 시녀도 말하였습니다.

"그렇다면 이조원 역시 같은 방향이니 갈 수가 없고, 어느 방향으로 바꾼다는 말
인가, 몸도 피곤하고 기분도 썩 좋지 않은데."

겐지는 이렇게 말하더니 그대로 자리에 눕고 말았습니다.

"방향을 바꾸지 않다니, 절대로 있을 수 없는 일이옵니다."

시녀들이 입을 모아 말하였습니다.

"허물없이 드나드는 기의 수蔵가 요즘 들어 나카 강 근처에 있는 집을 개조하였는데, 정원에 개울물을 끌어들여 시원하다 하옵니다."

누군가가 이렇게 말하였습니다.

"그것 잘됐군. 기분도 썩 좋지 않으니 수레를 탄 채로 들어갈 수 있는 편한 곳이 좋지."

겐지가 이렇게 말했습니다. 은밀히 걸음 하는 여자들 집 가운데 방향을 바꾸기에 적당한 곳은 얼마든지 있지만, 오랜만에 좌대신 댁에 들렀는데 하필이면 방향이 나쁜 날에 걸려 그것을 핑계 삼아 금방 다른 여인네 집으로 가고 마는구나, 하고 좌대신이 오해를 하면 곤란하겠다 싶어 우려하는 것이겠지요.

모처럼 겐지가 그동안 발걸음이 뜸했던 좌대신의 집에 들렀는데, 마침 방향이 좋지 않아 가타타가에를 해야 하는 상황에 처하게 되고, 어떤 곳으로 갈까 하고 고심하는 장면이다. 겐지는 몸이 피곤하고 귀찮아서 그냥 머물려고 했지만, 보필하는 뇨보들이 절대로 안 된다고 탄원하여 결국은 방향을 바꾸기에 이른다. 당시의 모노이미나 가타타가에의 신앙 내지 습관은 아주 견고한 것이었다. 행동하는 데 있어서 족쇄로 느껴질 만큼 말이다. 문학 작품 가게로일기蜻蛉日記 같은 경우에는 엄청난 숫자의 모노이미가 나온다. 위의 겐지의 경우처럼 가게로일기의 작자의 남편인 가네이에兼家가 모노이미를 핑계로 찾아오지 못하는 경우, 모노이미는 구실에 불과하고 실은 찾아올 마음이 없는 것이라고 노골적으로 의심하지는 않지만, 그런 여운을 남기는 기술이 실로 많이 존재한다.

かく十月になりぬ。ここに物忌なるほどを、心もとなげにいひつつ、

　　嘆きつつ返すころもの露けきにいとど空さへしぐれそふらむ

返し、いと古めきたり。

　　思ひあらばひなましものをいかでかは返すころもの誰と濡るらむ

とあるほどに、わが頼もしき人、みちのくにへ出で立ちぬ。

이렇게 해서(가네이에와의 결혼이 성사되고) 10월이 되었다. 이때 모노이미가 되어 찾아오지 못하는 이유를 빨리 보고 싶어 이러지도 저러지도 못한다는 듯이 이야기 하면서(보내온 노래),

　　당신을 만나지 못하는 것을 한탄하면서, 적어도 꿈에서라도 만나고 싶어 뒤집어서 입고 잔 옷[69]이 눈물로 흠뻑 젖었군요. 근데 설상가상으로 가을 하늘까지 비가 오다말다 하는 걸까요.

이에 대한 답장은 아주 고풍스러웠다.

　　나에 대한 애정의 불꽃이 있다면, 당신의 옷은 젖지 않고 말랐겠지요. 근데 왜 나처럼 당신의 옷은 젖어 있는 것일까요?

라고 답을 했을 때 쯤, 나의 기댈 곳인 후견인 아버지가 무쓰노카미陸奥守에 기용되었다.

　　가게로일기의 작자와 가네이에가 결혼하고 나서 스산한 겨울이 시작될 무렵, 모노이미 때문에 찾아오지 못한다는 가네이에로부터의 전갈이 있었다. 가네이에는 못 가는 안타까운 자기의 심정을 토로하는 노래를 보내왔지만, 가게로일기의 작자는 "애정이 없어서 못 오는 거겠죠."라고 응수한다. 모노이미는 핑계일 거라는 분위기가 깔린 것이다. 그렇다고 확실하게 그 의심을 나타내는 것도 아닌, 아주 묘연한 태도의 노래이다.

　　이상에서 살펴보았듯이, 모노이미와 가타타가에는 헤이안 귀족

─────────

69) 고대 일본에서는 이불같이 생긴 겉옷을 뒤집어서 입고 자면 꿈에 그리던 님을 꿈속에서 만날 수 있다고 믿는 관습이 있었다.

들의 신앙이자 견고한 풍습이었다. 생활 전반에 깊숙이 스며들어 있었다. 즉, 모노이미와 가타타가에로 인해 귀족들의 행동반경이 상당히 제약을 받았던 것을 알 수 있다. 남녀 간의 사이에서는 그 것이 구실이 되어 이용되는 예도 많았다. 그래도 집 밖을 나가는 일이 좀처럼 없는 여인들에게 때로는 외출할 수 있는 기회를 제공 하기도 한 것이 가타타가에인데, 사라시나 일기更級日記 같은 작품 에는 방향을 바꾸어 이동한 곳의 벚꽃의 아름다움을 노래한 예가 남아 있다. 여성들의 기분전환의 계기가 되었을 법하다.

모노노케와 원령 사상

일찍이 일본에는 사람이 죽으면 그 혼魂이 영靈이 되어 육체를 떠나간다는 생각이 존재했다. 이 영靈이 떠돌아다니며 재해를 일 으키고 사람을 병들게 한다고 생각했는데, 이렇게 사람을 괴롭히 는 사령死靈·생령生靈·원령怨靈들을 모노노케物の怪라고 불렀다. 넓 은 의미에서는 요사스럽고 나쁜 기운, 즉 사기邪氣까지가 이 범주 에 든다고 할 수 있다.

이중에서도 헤이안 귀족들의 신앙의 대상이 된 것은 원령怨靈이 다. 원령이란, 어떤 인간이 사고나 사건, 쟁란, 형벌이나 처형 내지 는 다른 사람으로부터 과도한 정신적 또는 육체적 압박을 받아 죽 었을 경우, 승천이나 성불을 하지 못하고 강한 원념怨念을 품은 채 로 세상에 머물면서 자신을 죽게 한 상대를 저주하고, 때로는 그 상대를 죽게 만드는 것으로 복수를 하는 초자연적 영적 존재를 말한다. 원령은 저주의 상대나 적에게만 재해를 내릴 뿐 아니라, 사회 전체에 대해서도 천재나 역병 등을 일으키는 존재로 이해되어, 이를 진정시켜 고료御靈(악령이 아닌 영)로 만들어 재앙이나 저주로부터 벗어나 평온과 번영을 실현하려고 하는 신앙이 바로 고료신앙御靈信仰이다.

예를 들어 어느 사람이 원인불명의 병을 앓는다고 하면, 당시는 그것을 모노노케와 관련짓는 것이 일반적인 경향이었다.

> 日ごろなやましうて、咳などいたうせらるるを、もののけにやあらむ、加持もこころみむ
>
> 요즈음 기분이 좋지 않고 기침이 몹시 심해지기에, 모노노케 때문일지도 몰라 가지기도를 해봐야지 라고 생각하여

이러한 가게로일기의 내용처럼, 병의 원인으로써 우선 모노노케를 상기했다. 그리고 그 치료는, 환자에 붙어 있는 영을 요리마시憑坐(영매)[70]에 일단 옮기고, 그것을 겐자驗者(呪医)가 불력으로 막아서 누르는 것이었다. 밀교에서는 가지기도가 대표적인 치료법인데, 단을 마련하여 부처를 안치하고, 나무를 태우고, 수인을 맺어, 주문을 외면서 기도하는 것이다.

특히 한을 가진 원령의 경우는 누구에게나 붙는 것이 아니었다. 특정의 가문이나 인물에게 붙었다가 쫓겨나고, 쫓겨났다가 다시 붙고 하는 식으로 강한 집념을 보인다. 그래서 당시의 귀족들은 원

---

[70] 기도사나 무당이 신령을 부를 때, 일시적으로 신령을 지피게 하는 여자 또는 어린이.

령의 계보에 대해 민감할 수밖에 없었다. 그리고 저주를 산 가문은 자손 대대로 그 원령이 붙어 다닌다고 믿었다. 대표적인 가문의 예를 들어보기로 하자.

후지와라노 모토카타藤原元方라는 인물은 무라카미천황村上天皇 치세 때의 고관大納言이었다. 그는 애지중지 키운 딸인 스케히메祐姬를 무라카미천황의 후궁으로 들여보냈다. 아직 후궁 중 그 누구도 황자를 낳지 못했을 때 스케히메가 아들을 낳았기 때문에, 모토카타는 내심 자신의 손자가 천황이 되고 자기가 외척세력으로 득세할 것이라는 꿈을 꾸었다. 그러나 당시의 최고 정치 권력자인 모로스케師輔의 딸 안시安子가 내리 공주만 출산하다가 아들을 얻었다는 소식에 실망을 한다. 그래도 조금은 희망을 가지고 있었으나, 그 황자가 3개월 만에 동궁으로 추대되자, 실망한 끝에 식음을 전폐하고 앓아눕게 된다. 그 후 병을 얻고, 동궁이 4살이 되었을 때 한을 품고 죽게 된다. 그 후에 모토카타의 손자도, 딸인 스케히메도 연이어 죽게 된다. 이러한 사정 속에서 모토카타의 한이 원령이 되어 동궁에서 천황이 된 레제천황冷泉天皇을 미치게 만들어버린다. 또한, 모로스케가 관백關白[71) 취임을 실현하지 못하고 죽고, 중궁 안시中宮安子도 아들의 즉위를 보지 못하고 죽는데, 당시의 귀족들은 이것이 다 모토카타 원령의 저주 때문이라고 믿었다. 더구나 스케히메와 그의 아들의 원령도 가세하여 레제천황의 아들들인 가잔인花山院과 산죠인三条院까지 불행하게 만들었다. 그 불행이란 눈을 멀게 한다든지 요절하게 한다든지 미치게 만드는 따위의 일이

71) 헤이안시대에 천황을 보좌하여 정무를 맡아보던 최고의 중직.

었다.

현대에 와서는 일본 천황가가 오랜 근친상간 때문에 유전적인 병을 가지고 있었다는 과학적인 해석이 나왔지만, 당시의 이 원령 계보는 너무나도 유명한 이야기여서 각 문헌72)에 등장했다.

그러면 다음으로는 모노노케 중에서도 이키료生霊의 예를 겐지 이야기에서 들어보자. 겐지의 연인 중에 아주 아름답고 기품 있는 로쿠죠노미야슨도코로六条御息所라는 여인이 있었다. 죽은 동궁의 정처이기도 했고, 교양도 지성미도 넘치는 여인이었다. 그러나 젊은 겐지는 이 귀부인을 점점 찾아가지 않아 그녀의 자존심에 깊은 상처를 입히게 된다. 로쿠죠노미야슨도코로는 한없이 겐지에게 끌려들어가지만, 그녀의 높은 자존심은 그것을 잘 표현하지 못하고, 마음속으로만 앓게 된다. 이러한 자기 억압과 질투심이 로쿠죠노미야슨도코로를 이키료生霊로 만드는데, 결정적으로는 가모마쓰리賀茂祭에서 겐지의 정처인 아오이노우에葵の上의 우차牛車와 자신의 우차가 비좁은 주차 때문에 실랑이가 벌어지고, 여기서 낭패를 당한 로쿠죠노미야슨도코로는 자신도 모르게 영이 떠돌게 된다. 잠깐 자고 일어난 것 같은데, 자신의 머리카락과 의복에는 모노노케를 쫓기 위해 가지기도를 할 때 피우는 향의 냄새가 배어 있고, 아오이노우에는 출산할 때 몹시도 고통을 당한다. 가지기도의 효과가 있어 아기는 무사히 태어나지만, 그 후 약간 긴장을 늦추었을 때 다시 로쿠죠노미야슨도코로의 이키료生霊가 나타나고 아오이노우에는 결국 죽고 만다. 그리고 로쿠죠노미야슨도코로는 죽은 후

---

72) 『栄花物語』, 『大鏡』, 『平家物語』, 『花鳥余情』 등.

에도, 시료死靈가 되어 겐지가 사랑해 마지않는 무라사키노우에紫
の上나 온나산노미야女三宮 등에 달라붙어서 겐지에게 원망하는 말
을 한다. 로쿠죠노미야슨도코로의 딸인 중궁中宮은 자신의 어머니
가 성불하지 못한 것을 슬퍼하며 추선공양追善供養을 행했다고 한
다.

3 종교는 헤이안 귀족의 일상

이상에서 헤이안시대의 종교를 불교와 음양도에 초점을 맞추어
설명해왔는데, 귀족들의 일상에 녹아 있는 종교에 대해, 아주 간결
하면서도 위트 있게 해설한 마쿠라노소시枕草子의 내용을 인용하는
것으로 마무리하려고 한다.

마쿠라노소시枕草子에는 불교와 음양도에 관한 기술이 많이 포
함되어 있다.

> こはき物の怪にあづかりたる驗者。驗だにいち早からばよかるべきを、
> さしもあらす、さすがに人笑はれならじと念ずる、いと苦しげなり。
> 끈질긴 귀신을 만난 수도승. 법력이 효험이라도 있으면 그나마 다행이지만 만약
> 그렇지 않으면 웃음거리가 되지 않으려고 무진 애를 쓴다.

152단의 고통(괴로워 보이는 것)의 항목에서는 위와 같이 수도
승이 모노노케 퇴치에 힘들어하는 것이 가장 괴로운 것 중의 하나
라고 묘사했다.

비슷한 경우이지만, 22단의 썰렁 그 자체(흥이 깨지는 것)라는 항목에서는 자신이 직접 경험한 듯한 묘사로 원령 퇴치의 가지기도의 효험이 없을 때의 썰렁함에 대해 이야기한다.

験者の、物の怪調ずとて、いみじうしたり顔に、独鈷や数珠など持たせ、せみの声しぼり出だしてよみゐたれど、いささか去りげもなく、護法もつかねば、あつまりゐ念じたるに、男も女もあやしと思ふに、時のかはるまでよみ困じて、「さらにつかず、立ちね。」とて。数珠取り返して、「あないと験なしや」とうち言ひて、額より上ざまに、さくりあげ、欠伸おのれよりうちして、寄り臥しぬる。

수도승이 원령을 물리치려고 자신만만하게 허수아비에 방울과 염주를 들리고 목청 높여 다라니경을 읊는데, 원령이 물러가거나 호법동자가 나타난 기색이 전혀 없을 때도 흥이 깨진다. 다같이 나와 기도하던 집안사람들이 무언가 이상하다고 느낄 즈음 경문을 읊다가 지친 듯한 수도승이 "전혀 먹혀들지 않아. 다들 물러가시오."하며 허수아비한테서 염주를 도로 빼앗고, "아이고 전혀 효험이 없네그려."라고 중얼거리며 이마의 머리를 끌어올리고, 먼저 하품을 하며 보료에 벌렁 누워버리는 경우다.

원령퇴치가 쉬운 일은 아니었겠지만, 위와 같은 일이 많았는지 세이쇼니곤은 가장 괴로운 일과 썰렁한 일에 모노노케 퇴치를 들었다.

반대로, 28단의 상쾌함(기분 좋은 것)이라는 항목에서는 긍정적이고 뿌듯한 종교 생활의 모습을 다룬다.

物よく言ふ陰陽師して、河原に出でて、呪祖の祓したる。〈略〉神、寺などに詣でて、物申さするに、寺は法師、社は禰宜などの、くらからずさ

はやかに、思ふほどにも過ぎて、とどこほらず聞きよう申したる。

말 잘하는 음양사에게 하천변에 나가서 주문을 외우게 하거나 부정 탄 것을 정제시키는 것. (생략) 신사나 절에서 참배해 기도할 때 절에서 스님이, 신사에서는 신관이 기대한 것보다 알기 쉽고 명석하게 기도를 잘해주는 것.

음양도, 신도, 불교의 융화적인 면을 잘 드러내주는 것이다.

그리고 재미있는 것은, 역시 당시에도 종교상의 브랜드가 있었던 듯하다. 다시 말해, 더 효험이 있다든지, 뭐니 뭐니 해도 누구나가 알아주는 그 무엇이 있었다. 이에 대해 세이쇼나곤清少納言은 다음과 같이 말했다.(122단 가지기도)

修法は奈良がた。仏の護身どもなどよみたてまつりたる、なまめかしうたふとし。

가지기도는 나라奈良 고후쿠지興福時, 도다이지東大寺 것이 제일이다. 불력仏力의 가호를 염원하는 호신법護身法 진언을 낭송하는 모습은 정말 귀하고도 감사하게 가슴에 와 닿는다.

가지기도의 효험은 고후쿠지가 단연코 월등하다는 평가이다. 또한 독경読経에 있어서는 부단경不断経을 꼽았다.(160단) 즉, 밤낮 끊이지 않고 불경을 읽는 일을 최고로 꼽았다. 그러면 경전 중에서는 어떤 경전을 최고의 가치로 두었을까?

経は法華経さらなり。普賢十。千手経。随求経。金剛般若。薬師経。仁王経の下巻。

경전은 법화경, 이것은 굳이 말할 필요도 없을 것이다. 보원십원품, 천수경, 금강

도다이지

반야경, 약사경, 인왕경하권.

198단의 최고의 경전이라는 항목에서는 이렇게 나와 있다. 앞서 불교를 다룬 항목에서도 법화경을 강조한 대로, 헤이안시대에 가장 영향력을 발휘한 경전은 법화경이었다.

이 외에도 부처 중에서도 공덕 있는 부처는 누구며, 가장 훌륭한 스님은 누구며 하는 식으로 마쿠라노소시에는 많은 종교에 관한 기술이 보인다. 그만큼 헤이안 귀족들은 종교와 연관된 삶을 살았고, 그 종교에 의해 자신들의 행복과 번영 더 나아가 내세까지의 안녕을 추구했다. 삶의 생로병사에 일일이 관여하는 종교를 가지고, 자유보다는 종교에 의한 구속을 만끽하는 귀족들의 종교성을 엿볼 수 있다.

| 参考文献 |

〈텍스트〉

『겐지이야기1~10』무라사키 시키부 2007 한길사

『마쿠라노소시(枕草子)』세이쇼나곤 2004 갑인공방

『今昔物語集①(新編日本古典文学全集35)』馬淵和夫・国東文麿・稲垣泰一 1999 小学館

『源氏物語五(新日本古典文学大系23)』柳井滋・室伏信助・大朝雄二・鈴木日出男・藤井貞和・今西祐一郎 1997 岩波書店

『枕草子(新編日本古典文学全集18)』校注・訳者-松尾 聰・永井和子 1997 小学館

『栄花物語①②(新編日本古典文学全集31・32)』校注・訳者-山中裕・秋山虔・池田尚隆・福長進 1995~1997 小学館

『源氏物語五(新編日本古典文学全集20~23)』校注・訳者-阿部秋生・今井源衛・秋山虔・鈴木日出男 1994~1996

『土佐日記 蜻蛉日記(新編日本古典文学全集13)』校注・訳者-菊地靖彦・伊牟田経久・木村正中 1995 小学館

『竹取物語・伊勢物語・大和物語・平中物語(新編日本古典文学全集12)』校注・訳者-片桐洋一・高橋正治・福井貞助・清水好古 1994 小学館

『古今和歌集(新編日本古典文学全集11)』校注・訳者-小沢正夫・松田成穂 1994 小学館

『平安私家集(新日本古典文学大系28)』校注-犬養 廉 後藤祥子 平野由紀子 1994 岩波書店

『和泉式部日記・紫式部日記・更級日記・讃岐典侍日記(新編日本古典文学全集26)』校注・訳者-藤岡忠春・犬養廉・中野幸一・石井文夫 1994 小学館

『後撰和歌集(新日本古典文学大系６)』片桐洋一 1990 岩波書店

『拾遺和歌集(新日本古典文学大系7)』小町谷照彦校注 1990 岩波書店

『和泉式部集・和泉式部続集』清水文雄 1983 岩波書店

『紫式部日記』池田亀鑑・秋山虔 1964 岩波書店

『和泉式部日記』清水文雄 1941 岩波書店

〈단행본〉

『日本古典にみる性と愛』中村真一路 2006 水声社

『和歌文学の基礎知識』谷知子 2006 角川書店

『平安王朝の時代(ビジュアル版日本の歴史を見る2)』武光誠 2006 世界文化社

『일본 문학으로 본 여성과 가족』허영은 2005 보고사

『日本の王朝時代の書簡文化』김영 2005 J&C

『日本の歴史パノラマ絵地図 2 』岡俊彦 2005 学習研究社

『宮廷の女性たち』秦 澄美枝 2005 新人物往来社

『일본시가문학사』최충희・구정호・박혜성・고한범・이헌영 2004 태학사

『天暦期の後宮社会と文学』權赫仁 2004 J&C

『天皇と和歌-三代集と時代の研究』今野厚子 2004 新典社

『平安朝　女の生き方一輝いた女性たち』腹藤早苗 2004 小学館

『모노가타리에서 하이쿠까지』한국일어문학회 2003 글로세움

『枕草子와平安文学』鄭順粉 2003 J&C

『教科書の絵と写真で見る日本の歴史資料集②奈良時代~平安時代』古舘明
廣・宮原武夫 2002 岩崎書店

『摂関政治と王朝文化』加藤友康 2002 吉川弘文館

『시대별 일본문학사』이일숙 2002 J&C

『日本事情入門 일본사정입문〈최신개정판〉』佐々木瑞枝　2002 다락원

『和歌を歴史から読む』兼築信行・田渕句美子 2002 笠間書院

『천황을 알면 일본이 보인다』사이카와 마코토 2001 다락원

『平安貴族の婚姻慣習と源氏物語』胡潔 2001 風間書房

『源氏物語五十四帖を歩く』監修・編集-朧谷 壽・佐藤真理子 1999 JTB

『一問百答 일본・일본인의 의식구조』구사카기민토(日下公人) 1999 레슨

『源氏物語の鑑賞と基礎知識 No.2 須磨』鈴木一雄・日向一雅 1999 至文堂

『王朝の色と美』伊原昭 1999 笠間書院

『宮廷に生きる天皇と女房と』岩佐美代子 1998 笠間書院

『百人一首』有働義彦編 1998 学習研究社

『京の恋歌 王朝の婉』松本章男 1998 京都新聞社

『王朝和歌を学ぶ人のために』後藤祥子編 1997 世界思想社

『일본의 성풍속』프리드리히S크라우스 1997 바라데기

『王朝のみやび』目崎徳衛 1997 吉川弘文館

『王朝交流を学ぶ人のために』久保朝孝編 1996 世界思想社

『源氏研究1996第1号』三田村雅子・河添房江・松井健児編 1996 翰林書房

『平安文学の視角-女性-論集平安文学 第三号』編集-後藤祥子・鈴木日出男・田中隆昭・中野幸一 1995 勉誠社

『源氏物語の女たち―その愛のかたち』赤羽淑 1995 翰林書房

『和泉式部の研究-日記・家集を中心に―』小松登美 1995 笠間書院

『平安朝歌合大成 増補新訂第一巻』萩谷朴 1995 同朋舎出版

『平安時代史辞典』角田文衞監修 1993 角川書店

『歌語りの時代-大和物語の人々』山下通子 1993 筑摩書房

『三十六歌仙の舞台』樋口茂子 1992 京都新聞社

『蜻蛉日記・更級日記・和泉式部日記』三角洋一・津島佑子 1991 新潮社

『スーパー日本史』古川清行 1991 講談社

『新古今和歌集・山家集・金槐和歌集』佐藤恒雄・馬場あき子 1990 新潮社

『国語国文学手帳』尚学図書言語研究所編 1990 小学館

『蜻蛉日記』交流日記文学講座第2巻 1990 勉誠社

『古典文学論考―枕草子・和歌・日記』森本元子 1989 新典社

『王朝女流日記必携』編-秋山虔 1989 学燈社

『大修館国語要覧』三谷栄一・峯村文人 1988 大修館書店

『日本古典文学と仏教』石田瑞麿 1988 筑摩書房

『有職故実(上)』石村貞吉 1987 講談社

『平安貴族』橋本義彦 1986 平凡社

『平安貴族の生活』有積堂編集部 1985 有積堂

『王朝の姫君』大槻修 1984 世界思想社

『王朝和歌の世界―自然感情と美意識―』片桐洋一 1984 世界思想社

『王朝の文学空間』秋山虔 1984 東京大学出版会

『斎宮女御集注釈』平安文学輪読会 1981 塙書房

『古今的世界』菊地靖彦 1980 笠間書院

『平安時代の後宮生活』横尾豊 1976 柏書房

『王朝女流作家の研究』上村悦子 1975 笠間書院

『源氏物語の世界』中村真一郎 1968 新潮選書

『平安朝女流作家の研究』岡崎知子 1967 法蔵館

『王朝歌壇の研究 村上・冷泉・円融朝篇』山口博 1967 桜楓社

『日本の婚姻史』高群逸枝 1963 至文堂

『日本歴史親書 平安時代の貴族の生活』藤木邦彦 1960 双文社

〈史料〉
国史大系『公卿補任』1986 吉川弘文館

国史大系『日本紀略』1984 吉川弘文館

国史大系『尊卑文脈』1964 吉川弘文館

『御堂関白記』1983~1984 思文閣出版

| 색인 |

ㄱ

221

ㅇ

격조와 풍류

초판 1쇄 발행일 • 2007년 12월 26일

지은이 • 권혁인
펴낸이 • 박영희
표　지 • 정지영
편　집 • 정지영·허선주
펴낸곳 • 도서출판 어문학사
　　　　132-891 서울특별시 도봉구 쌍문동 525-13
　　　　전화: 02-998-0094 / 팩스: 02-998-2268
　　　　홈페이지: www.amhbook.com
　　　　e-mail: am@amhbook.com
　　　　등록: 2004년 4월 6일 제7-276호

인지는
저자와의
합의하에
생략함

ISBN 978-89-91956-43-8 93080
정　가 • 15,000원
※ 잘못 만들어진 책은 교환해 드립니다.
※ 사진 일부는 참고문헌에서 사용하였습니다.